MINDSPEAKER

Cómo lograr presentaciones magnéticas y de alto impacto

Jesús P. Calderón

MINDSPEAKER.
Cómo lograr presentaciones magnéticas y de alto impacto

Primera edición: 2024

ISBN: 9788410410244
ISBN eBook: 9788410410701

© del texto:
  Jesús P. Calderón

© de las ilustraciones:
  María E. Pérez Espinoza

© del diseño de esta edición:
  Caligrama, 2024
  www.caligramaeditorial.com
  info@caligramaeditorial.com

Impreso en España – Printed in Spain

A Dios

Por ayudarme a encontrar en el silencio
las verdades más profundas.

A mis padres, quienes con su amor y sabiduría
me enseñaron a ver que los actos hablan y el
entendimiento se construye desde el corazón.

En las páginas de este libro descubrirás el arte de brillar. No se trata simplemente de hablar en público; se trata de encender una chispa, de convertirte en una fuerza magnética que atrae, persuade e inspira.

Imagina por un momento que te encuentras en un escenario, los focos brillan, los ojos están fijos en ti y el miedo que una vez te paralizó se ha transformado en una energía vibrante que te impulsa. Eso es lo que te espera aquí: **la conquista de tus miedos, la realización de tu potencial y la satisfacción de saber que has tocado las almas de quienes te escuchan.**

Pero este libro va más allá de las presentaciones. Es una guía para tejer la magia de la comunicación en cada aspecto de tu vida. Desde las conversaciones uno a uno hasta las redes sociales, aprenderás a establecer conexiones profundas y significativas, a influir de manera positiva y a dejar una huella indeleble.

Tu voz se convertirá en un eco que resuena en los corazones de los demás. Una huella positiva que te eleva, que te otorga autoridad e influencia y que amplía tu alcance e impacto. No se trata solo de palabras y gestos, sino de trascender, de marcar una diferencia, de enriquecer tu vida profesional y personal.

Este no es solo un libro; es una invitación a un viaje transformador. Un viaje que te llevará a nuevos horizontes, a descubrir habilidades y talentos ocultos, a forjar relaciones más profundas y a vivir con un propósito más grande.

¿Estás listo para trascender, para convertirte en una voz que importa, para dejar una huella que perdura? Tu camino comienza aquí, en estas páginas, en este momento. La aventura te espera y el mundo está listo para escucharte.

Comenzamos.

«Tú eres lo que estás buscando».

RUMI

«La felicidad es el significado y propósito de la vida,
la meta general y final de la existencia humana».

ARISTÓTELES

Introducción

Los ojos de una mujer, amplios y penetrantes, se fijan en mí mientras se acerca con pasos cargados de misterio. Cada movimiento parece guardar un secreto, algo oculto que está a punto de revelarse. Su rostro se acerca al mío y, en un susurro que apenas toca mi oído, me dice:

—Hay una persona que quiere hablar contigo.

«Qué dramática, ¡por Dios! ¿De qué se trata?», me pregunto, mientras las palabras resuenan en mi mente y salgo de la sala de conferencias, aún vibrando con la energía del taller que acabo de impartir.

La forma en que me lo dijo fue casi apocalíptica y no estaba lejos de serlo. Algo serio, algo profundo me esperaba.

Un hombre se acerca, su mirada cargada de una urgencia silenciosa. Lo invito a sentarnos en un sillón, en un rincón alejado del bullicio. Ya sentados, me lo dice. Lo indecible para muchos, hasta que ya no es posible hacer nada. Me confiesa que quiere quitarse la vida. La oscuridad de la pregunta me envuelve, me transporta a un lugar familiar. He estado allí...

Hace más de una década, comencé a dar talleres para gestionar el estrés y la ansiedad, esos ladrones silenciosos de la salud.

El tesoro compartido en aquellos talleres es una herramienta que me salvó la vida y con la que comencé a recuperar mi salud física y mental. Y es también una táctica para ganar confianza y seguridad muy poderosa. Fue ahí donde comenzó a germinar una idea.

Al escucharlo en aquella ocasión, me vi reflejado en él. Después de compartirle mi historia, salió de aquella sala con un brillo en los ojos. Una nueva idea había nacido en su mente, una chispa de esperanza había sido encendida.

Él me dio un regalo invaluable: el conocimiento de mi propósito en la vida. Ayudar a otros a vivirse más plenamente, a vivir cada instante sabiendo que solo tenemos el momento presente.

¿Por qué te cuento esto? Porque fue entonces cuando comprendí el poder de la palabra. El poder de plantar una idea en la mente, una esperanza, una luz, que fue mi guía y que puede servir a alguien más. Ayudé a encender una vela de esperanza, como alguna vez alguien la encendió en mí.

Las ideas son vida y experiencia. Nos acortan el camino a nuestras metas y nos hacen mejores personas. Todos tenemos ideas que merecen ser compartidas de una forma clara y contundente.

Pasé del miedo escénico a comunicar con más claridad y fuerza cada vez que lo hacía. He ayudado a cientos de personas a vivir más plenamente y a ganar confianza y autoridad. Y al ver resultados me reafirmo en que todos tenemos una idea que merece ser escuchada.

La habilidad de comunicar te permite:
- Vender una idea, producto o servicio.
- Crear una ventaja competitiva.
- Ganar confianza y crecer personal y profesionalmente.
- Influir de forma positiva.
- Ayudar a otros y dejar con ello un legado.

Este es el comienzo de un viaje, una travesía hacia el corazón de la comunicación y el alma de la influencia. Comunicar efectivamente es una habilidad que ha dado fin a las discordias desde hace miles de años usando el poder de la palabra. Ha ayudado a que las personas puedan recibir los más grandes honores.

Por todo esto y más, podemos dejar una huella en la vida de los demás. Solo necesitamos la virtud de la claridad[1] y la cualidad de la contundencia. ¿Cómo? Comunicando con impacto.

«No mueras con tu música dentro de ti» (Wayne Dyer).

Imagina una noche, en tiempos de nuestros antepasados, con el cielo estrellado como testigo y un grupo de figuras humanas reunidas alrededor de un fuego ardiente. Desde hace miles de años, nuestros ancestros encontraban en ese círculo cálido un santuario para compartir sus experiencias, sus sueños, sus ideas. Las historias nacían y crecían al calor de la fogata y, con ellas, la humanidad misma evolucionaba. Las palabras tejían lazos invisibles, reforzaban tradiciones y cultivaban la imaginación. Eran semillas plantadas en el corazón de la tribu, germinando en identidad y cultura. Las palabras son semillas que en algún momento darán sus frutos.

Polly Wiessner, una antropóloga de la Universidad de Utah, descubrió este fenómeno ancestral en sus investigaciones[2] con un grupo de cazadores-recolectores del sur de África. En la danza de las llamas encontró el reflejo de una práctica que trasciende el tiempo y el espacio: contar historias como un puente hacia lo que somos y lo que podemos llegar a ser.

Este libro es un eco de esa tradición milenaria. Es una invitación a evolucionar en nuestra vida personal y profesional, a dejar una huella luminosa en nuestro entorno, como las estrellas en el cielo nocturno. Por ello, hablar bien con nosotros mismos es el primer paso para conectar con los demás. Es tender un puente hacia esa energía, esa conciencia, ese algo más que también somos nosotros mismos. Es encontrar en nuestro interior la chispa que encienda la fogata de la comunicación.

Todos tenemos una idea que merece ser escuchada, una historia que merece ser contada. Y es por ello por lo que te comparto un método, una fórmula de impacto, una llave para abrir la puerta de tu voz y liberarla al mundo.

Este método no solo te permitirá comunicar con eficacia, sino que te convertirá en un *MindSpeaker*: alguien que no solo habla bien, sino que lo hace desde una mentalidad alineada, clara y presente, impactando profundamente a quienes lo escuchan.

Tocar fondo

Hay golpes en la vida, tan fuertes, tan profundos... ¡Yo no lo sé![3] Golpes que no solo nos hieren, sino que nos forman, nos moldean, nos construyen. Son los martillazos del destino que nos forjan en quiénes somos y seremos.

Un domingo estaba sentado en la sala de cine, la expectación creciendo mientras esperaba a que empezara la película. La sala se fue oscureciendo y en la pantalla apareció el título de la película: *El extraño caso de Benjamin Button*. Nunca hubiera pensado que esa película sería un presagio, una metáfora de lo que estaba por venir. Me di cuenta, en ese instante eterno, de que cualquier momento puede ser el último. Cualquier inspiración puede ser la última. Todo es impermanente, comenzando conmigo.

El oxígeno se fue acabando en la sala, una sensación extraña y aterradora. De repente, no podía respirar, así de repente, de la nada. Dicen que Dios aprieta, pero no ahoga, pero yo me sentía ahogado, desesperado, al borde del abismo. No sé si fue la muerte lo que me aterraba o si fue el no haber cumplido mi propósito de vida. El intentar salir de la sala, luchando por respirar, es la segunda imagen que recuerdo. La tercera, el traslado a casa sentado en el asiento de copiloto recostado, tratando de aferrarme a la vida.

Lo que vino después fue lo más trágico.

Un trozo de vidrio en mi mano, de un cristal que había roto en mi desesperación. La mano sangrando y pensando en lo impensable. Pasaban por mi mente pensamientos oscuros, huéspedes no deseados, sombras que jamás me habían visitado.

La mente puede retorcerse y crear situaciones de terror como en las películas, pero en ese momento entendí que cualquier momento puede ser el último. Y también puede ser el primero, porque puede ser vivir en el momento presente con una vida con propósito.

Me llevó dos años y medio recuperar mi salud y comprender que el momento presente es todo lo que tenemos. Este viaje de sanación comenzó con mi primer contacto con las prácticas budistas. Fue mi primer encuentro con el silencio interior, un primer contacto profundo conmigo mismo.

Me di cuenta de que estar desconectado de mí mismo había llevado a la pérdida de mi salud. Tuve que reconocer que una mala comunicación interna había contribuido a ese estado. Aprendí que la comunicación no se trata solo de hablar bien con los demás, sino también de cómo nos comunicamos con nosotros mismos. Y, en segundo lugar, cómo nos comunicamos bien con los demás y con esa energía o conciencia que nos conecta a todos.

Comunicarse en tres niveles conmigo, energía y otros

La medicina me mantuvo vivo y medicado. Pero el regalo del momento presente me mantuvo vivo y despierto. Y es ahí donde la vida realmente comienza. Es ahí donde no hay pánico escénico, donde podemos ser más auténticos, seguros, claros y contundentes. Todo comienza por nosotros.

La vida comienza en el hoy.
Estando plenamente presentes.

Todo te hace más fuerte: una lección de resiliencia

Aprendí algo poderoso, algo que cambió mi perspectiva para siempre: cada desafío, cada obstáculo, cada dolor en la vida es una oportunidad disfrazada. Es un regalo que nos hace más fuertes, más sabios. ¿Recuerdas esos momentos que te han forjado? ¿Las creencias que te han levantado cuando todo parecía perdido? Comunicar con impacto es un viaje donde descubres las creencias que te transforman en el orador que anhelas ser.

Después de aquel instante, ya fuera una tragedia o una bendición inesperada, la vida me extendió una mano amiga. Me ofreció una enseñanza que debía compartir, una misión que debía cumplir. Aprendí una herramienta y un método que me ayudaron a tener de nuevo salud y a estar vivo. Ahora, enfrentado con la tarea de compartir este regalo, me encontraba con un desafío familiar: ¿cómo transmitir este mensaje de manera que realmente tocara las vidas de otros? ¿Quién podría guiarme en este nuevo camino?

Era un nuevo desafío, una cuestión de vida o muerte. Vida, al vivir plenamente mi propósito, o muerte, al llevar ese deseo no realizado a la tumba. Como diría Dyer: «Morir con tu música dentro de ti». La verdad es que todos tenemos una idea que merece ser escuchada.

Recuerdo mi debut en televisión. La presentadora me miraba, acercando su micrófono, lista para hacerme mi primera pregunta. Miles de personas esperaban mi respuesta. La emoción y el nerviosismo se mezclaban en un cóctel explosivo. La pregunta fue hecha y los segundos se estiraron como un chicle. Respondí lo primero que se me vino a la mente, captando la atención, pero no de la manera que deseaba.

Hoy, ese recuerdo me hace sonreír. Estaba preparado, pero algo faltaba. ¿Qué era? ¿Por qué algunas personas menos preparadas convencen, mientras que otras se quedan atrás? ¿Por qué algunas ideas se vuelven virales y otras se desvanecen? ¿Por qué compramos lo innecesario y dejamos de lado lo esencial?

La clave está en una verdad simple pero profunda: **no es cuánto sabes, sino cuánto puedes comunicar.**

Esta es la herramienta que hubiera deseado tener hace más de una década. La esencia para hablar con confianza, persuasión e influencia, ya sea ante una cámara, una audiencia o en cualquier lugar.

He impartido talleres sobre gestión del estrés, *mindfulness* y oratoria, integrando sabidurías de la meditación, ayurveda, yoga, programación neurolingüística, comunicación, *coaching* y liderazgo. He sido testigo de cómo podemos combinar todas estas áreas para desbloquear nuestras puertas internas, encontrar una conexión más profunda y lograr los resultados que antes parecían esquivos. Con todo esto podemos comunicarnos con más impacto y efectividad, creando un puente que conecta generaciones. Sin comunicación efectiva, todo se perdería y tendríamos que empezar de cero. Así que comencemos con una comunicación efectiva.

«La aventura vale la pena».

ARISTÓTELES[4]

Descubriendo el método impacto

El cura está frito o la comunicación efectiva: una lección en claridad

Un profesor de Arte nos solía decir que «el arte no existe si no es visto». Me tomó tiempo comprender esa idea, pero, visto desde varias perspectivas, es absolutamente cierta. Es como en la comunicación: si no hay quien reciba el mensaje, no hay comunicación. **Nuestras ideas, productos o servicios son invisibles si nadie sabe de ellos.** Si el mensaje no llega, es como si no existiera. Estamos desconectados del mundo, aislados en nuestra propia burbuja, incapaces de ayudar o ser ayudados. Incluso si poseemos la maravilla más grande del mundo, si nadie lo sabe o no podemos comunicarlo efectivamente, es una idea destinada a pasar desapercibida.

¿Y qué significa comunicar efectivamente? Permíteme compartir una breve y atrevida historia que ilustra la importancia de esto, una historia que puede sacarte una sonrisa.

Había una vez un sacerdote aficionado a la crianza de aves. Tenía diez pájaros que soltaba todos los días para que volaran libres por el campanario y siempre regresaban a sus jaulas. Pero un día solo volvieron nueve.

Angustiado, el cura preguntó en pleno sermón de la misa del domingo:

—¿Quién tiene un pájaro?

Todos los hombres se levantaron.

—No, no me he explicado bien. ¿Quién ha visto un pájaro?

Casi todas las mujeres se levantaron.

—¡No, hijas mías! Quiero decir, ¿quién ha visto mi pájaro?

Y todas las monjas se levantaron.

La claridad y contundencia al hablar son cruciales. La comunicación efectiva es la llave del éxito, ya sea para pedir ayuda, relacionarnos, vender una idea o producto, o triunfar en cualquier profesión. Emprendedores, abogados, médicos, todos podemos tener ideas fascinantes, pero si no las comunicamos corremos un riesgo. El peligro es quedarnos con ellas... solos... y para siempre. Nadie nos entiende.

Por eso, iniciaremos este viaje. El camino hacia la elocuencia, hacia hablar de manera eficaz para informar, deleitar o persuadir. Pero hay algo más profundo en esto, ya que «quien se aplica a la verdadera elocuencia, se aplica también a la sabiduría».[5]

Entiende el proceso y lidera a tu audiencia: un viaje a través de la comunicación efectiva

Mindspeaking es comunicar con mente clara y presencia, generando un impacto duradero. El método IMPACTO es la base que sostiene el arte de la comunicación para cualquier *MindSpeaker*. A través de este acrónimo, te guiaré para que no solo comuniques con impacto, sino desde una mentalidad alineada y clara.

Para comunicar con impacto e influir en las personas es necesario mantener su atención. Tales de Mileto nos da la clave: «Lo más fuerte es la necesidad, porque lo domina todo». Miles de años después, Maslow desarrolló la pirámide de las necesidades, destacando cómo estas necesidades son factores cruciales de influencia.

En el contexto de la comunicación con impacto, es crucial considerar las necesidades de nuestra audiencia para captar y mantener su atención. Estas necesidades son factores clave que influyen en la efectividad del mensaje. Durante una charla o conferencia, existen seis necesidades esenciales que deben ser satisfechas para lograr una comunicación verdaderamente poderosa. Al atenderlas, no solo fortalecemos nuestras relaciones y posicionamiento, sino que también multiplicamos nuestro impacto de manera significativa.

En las páginas siguientes, te embarcarás en un viaje al corazón mismo del arte de la comunicación. Desde el palpitar ansioso de los primeros segundos antes de hablar frente a una audiencia hasta el dominio certero de la oratoria que deja huella, este libro es un mapa detallado que te guiará por cada paso del camino. Aprenderás el método IMPACTO, que es la base que sostiene el arte de la comunicación para cualquier *MindSpeaker*. Cada uno de los pasos que conforman este acrónimo te guiará a través de un proceso que no solo te enseñará a comunicar con claridad, sino desde una mentalidad alineada, con una presencia auténtica y consciente.

Capítulo 1. Inspirar: cómo captar la atención

¿Te ha pasado alguna vez que estás viendo Netflix, buscando una buena película o serie, y el tiempo se escapa en la selección? Pasas de una opción a otra, dedicando apenas unos segundos a cada una. Si no te atrapa, si no **capta tu atención,** la saltas. Una tras otra, desfilan por tu vista, mientras le das al botón del control. Y continúas hasta que, ¡por fin!, aparece una escena intrigante: un hombre desnudo en una tina de hielo, abriendo los ojos después de estar inconsciente. Te preguntas: «¿Y a ese qué le ha pasado?».

Listo, la película ha logrado la primera etapa, captar la atención en los primeros segundos, así como la estrella de la noche. Captar la atención no es solo el arte de los actores o las películas, sino que es el primer capítulo en la comunicación efectiva. Es la habilidad de iniciar una conversación o presentación causando en el ánimo un sentimiento, una sensación o una impresión que resuene. Es la chispa que enciende la curiosidad y mantiene a la audiencia enganchada, esperando más.

Capítulo 2. Motivar: cómo cautivar a tu audiencia

En la Edad Media se hablaba de embrujamiento. ¿Qué significaba eso? Era la idea de que alguien había sido cautivado o atrapado por una especie de magia. Hoy en día, lo podríamos llamar una **atracción irresistible,** esa que te mantiene pegado durante un buen rato, como cuando ves una serie y dices «solo un episodio más» hasta que te das cuenta de que ya amaneció.

Si ya has captado la atención de tu audiencia, la pregunta es ¿cómo continúas dándoles motivos para que sigan pegados a ti? Piensa en esas veces que no te han dado suficientes razones para quedarte. Eso es el embrujamiento: dar los motivos para una atracción prolongada.

Capítulo 3. Persuadir: cómo convencer en tu comunicación

¿Recuerdas la energía electrizante de *El lobo de Wall Street*? Parte de esa chispa proviene del increíble poder de persuasión que se despliega en la película. Piensa en esa vez que intentaste convencer a alguien, ya fuera para que tu hijo o hermanita comiera sus verduras o para cambiar la percepción de todo un auditorio.

Vamos a descubrir la esencia detrás de esos momentos: el poder de mover montañas con palabras. Sin darnos cuenta, todos nos convertimos en maestros de la persuasión en nuestro día a día. Persuadir es lograr que alguien haga algo o cambie de comportamiento mediante razones convincentes. Todos necesitamos este arte para mover las mentes y corazones de las personas.

Capítulo 4. Arte del *storytelling*: construyendo puentes con las palabras

Aquí nos embarcamos juntos en una misión. No se trata simplemente de leer o aprender, sino de viajar. Imagina que tienes una máquina del tiempo, capaz de transportarte a ti y a tu audiencia a escenarios lejanos o mundos aún por descubrir. En este viaje, el arte del *storytelling* es el combustible que nos impulsa, permitiéndonos conectar corazones, mentes y almas.

Narrar historias es como tejer puentes invisibles que unen a las personas. Con cada relato, cada anécdota y cada metáfora, invitamos a nuestra audiencia a caminar por esos puentes, explorando nuevas ideas y emociones. El *storytelling* no solo informa, sino que transforma, convierte datos en experiencias y hechos en vivencias compartidas.

Capítulo 5. Comunicar: la danza completa de la comunicación

En un mundo donde Medusa podía petrificar con solo un vistazo y Ulises encandilaba con su elocuencia, cada gesto y palabra tenía el poder de transformar destinos. Este capítulo te invita a un viaje donde, al igual que estos icónicos personajes, dominarás el arte de la comunicación dual.

Prepárate para descubrir cómo entrelazar la magia de una mirada con la maestría de la palabra, creando una danza perfecta en cada interacción. Aprende a comunicarte con todo tu ser, combinando lenguaje verbal y no verbal para dejar una huella imborrable en cada conversación.

Capítulo 6. Transformar: cerrar con broche de oro

Piensa en ese instante fugaz pero eterno, el clímax de una película, el final que te deja sin aliento o esa última nota en una sinfonía que resuena en tu pecho. Así debe ser el broche de oro: el punto culminante que transforma todo lo anterior en inolvidable.

¿Alguna vez has sentido el vacío de una gran historia con un final insatisfactorio? Evita ese desencanto en tu discurso. Aquí aprenderás el arte de cerrar de manera magistral, de conmover profundamente, de sellar tu mensaje de una forma que, al igual que los fuegos artificiales en una noche estrellada, ilumine, asombre y perdure.

Este es el broche de oro: un final que no solo concluye, sino que también eleva y da sentido a todo lo que se ha dicho antes.

Capítulo 7. Ovación: el éxito hecho sonido

Trae a tu mente a Thor, el poderoso dios del trueno, enfrentándose a la imponente presencia de Laufey, el gigante líder del hielo. A pesar de sus múltiples victorias, Thor nunca se detiene, siempre busca evolucionar. ¿Y si te dijera que detrás de cada aplauso y de cada ovación hay una oportunidad para crecer aún más? No es el final de tu éxito, sino el comienzo. En este capítulo descubrirás cómo convertirte en tu propio mentor, mejorar constantemente y liderar con la determinación de un dios. Porque la comunicación no solo es poder, es también evolución. Eleva tu vida personal y profesional con el arte de comunicar.

Al integrar cada uno de estos elementos en tu comunicación, no solo lograrás un mensaje de impacto, sino que te transformarás en un verdadero *MindSpeaker*: alguien más consciente, que comunica desde el corazón y la mente, con presencia y propósito, creando un impacto duradero en quienes lo escuchan.

La fuerza de la huella: un viaje de impacto y transformación

La vida es como un lienzo pintado con momentos que nos marcan profundamente. Pueden ser experiencias personales, desafíos de salud, la presencia de alguien especial o las palabras y acciones de un amigo cercano. Todos tenemos esos instantes que han dejado una huella imborrable en nuestra vida, ayudándonos a crecer y a vivir con mayor plenitud.

A veces buscamos un cambio y nos sentimos atrapados en un laberinto sin salida. El tiempo pasa y, de repente, algo impactante nos impulsa a emprender un camino de transformación, como una brújula que nos guía hacia un nuevo horizonte. La fuerza de esos impactos, de esas huellas, es innegable y merece nuestra reflexión.

Piensa en estas preguntas: ¿quién ha tenido el mayor impacto positivo en tu vida?, ¿cuál es ese momento que transformó tu existencia?, ¿cómo impactamos en la vida de los demás?

Reflexionar sobre estas preguntas es un excelente punto de partida para aportar autenticidad y profundidad a tu discurso. Conecta al público con experiencias universales, fomentando una comunicación empática y significativa. Al compartir y explorar estas huellas no solo te conectarás más profundamente con tu audiencia, sino que también les ayudarás a descubrir y valorar las huellas en sus propias vidas.

El veneno más famoso de la historia: la congruencia de Sócrates

Hace muchos años, un hombre fue condenado a muerte por corromper a la juventud y despreciar a los dioses. Sócrates, el filósofo, cayó tendido al tomarse el veneno de la cicuta, pero no sin antes pronunciar un discurso memorable. Minutos antes de su muerte, sus palabras fueron rescatadas por Platón y con ellas logró dar consistencia y profundidad al trabajo de toda su vida.

Quizá no consiguió el aplauso de sus ejecutores, pero no era su objetivo. Lo que logró fue algo mucho más grande: un aplauso eterno. Miles de años han pasado y su discurso sigue resonando, un eco de su congruencia y compromiso con sus ideas.

Impacto: la huella que perdura

Ya sea Sócrates, Susan Anthony, Steve Jobs u Oprah Winfrey, una comunicación de impacto es una comunicación que influye y perdura. Impacto es dejar huella, una marca que penetra y se fija como un dardo en el blanco. El método Impacto no es solo sobre comunicar, sino que trata sobre transformar nuestra vida y la de los demás y sobre dejar una huella que perdura.

Ya sea que quieras convencer a tus hijos de que sigan tus consejos o persuadir e influir al hablar en público, o si usas las redes sociales para vender o ganar una ventaja competitiva, todo trata de comunicar con impacto.

Lo que tiene luz propia: la estrella guía en la comunicación

El cielo, un gran escenario lleno de estrellas, ha cautivado a la humanidad. Durante miles de años, hemos levantado la mirada hacia ese vasto océano celestial, buscando comprenderlo, anhelando descifrar sus secretos.

Marineros y agricultores, guiados por la luz cerca de las estrellas, han navegado por mares tormentosos y sembrado campos fértiles, tomando decisiones sabias que moldeaban su destino y sus cosechas. Las estrellas no eran meros puntos de luz en la oscuridad; eran faros de guía, brújulas celestiales que iluminaban el camino.

Grandes historias han sido tejidas alrededor de estas luces en el firmamento. La estrella de Belén, por ejemplo, guio a los Reyes Magos en su búsqueda de un rey. Esa estrella no era solo un fenómeno astronómico, sino que era un símbolo de esperanza, un llamado a seguir un camino lleno de promesas.

En el arte de comunicar con impacto también hay una estrella guía que nos ayuda a llegar a nuestro destino o a cosechar lo que hemos sembrado. Esa estrella es el público, el corazón palpitante de nuestra misión.

Esta estrella guía en la oratoria es más que una metáfora; es una filosofía, una forma de ver el mundo y nuestro lugar en él. Nos recuerda que, al igual que los antiguos marineros y agricultores, también estamos en una búsqueda, navegando por mares desconocidos y sembrando semillas de ideas, esperando que florezcan bajo la luz de la comprensión y la empatía. Tenemos que mirar a la estrella, nuestra audiencia. ¿Quiénes son?, ¿qué necesitan? Es lo primero que debemos descubrir.

Si viajáramos 2300 años atrás y nos encontráramos con Aristóteles, él nos recordaría que en el discurso se implican tres factores: quién habla, de qué habla y para quién, y que es el oyente quien determina su objetivo.[6]

En este libro ahondaremos en estos cuatro puntos esenciales del proceso de comunicación.

1. **Quién comunica: la esencia de la autenticidad.** La persona es un sistema complejo; un tejido intrincado de ideas, miedos, mensajes, credibilidad y autoridad. Cada ser humano es una obra de arte única e irrepetible y la clave está en hablar desde nuestra unicidad y autenticidad. La naturalidad en la comunicación es persuasiva y poderosa, mientras que la artificialidad puede ser contraproducente, como un vino mezclado con aromas fuertes para disimular su mala calidad. Por ello, primero será un viaje de conexión a nosotros mismos para comunicar desde ese espacio único.

2. **La audiencia: un eco de emociones y sueños.** La audiencia es otro ser humano complejo; lleno de necesidades, sueños, emociones, alegrías y temores. El público siempre se solidariza con quien habla con sentimiento, con quien toca las cuerdas de la empatía y la comprensión.

3. **El mensaje: la armonía de la comunicación.** El mensaje es la melodía que se comunica. Aquí, puedes decir una cosa, pero comunicar otra, y todo depende de cómo se comunica. El objetivo es afinar la sintonía entre lo que se quiere comunicar y lo que realmente se comunica.

Impacto: la danza de la persuasión. Impacto es un acrónimo con pasos específicos, una danza cuidadosamente coreografiada que resuelve seis necesidades específicas de la audiencia durante el discurso. Hablar con claridad y contundencia para persuadir e influir positivamente es el corazón de este método.

Un viaje a través de la comunicación

Este libro es un método único, práctico y paso a paso, creado a partir de la experiencia personal, la enseñanza y la investigación. Es un puente que conecta la sabiduría de Aristóteles con Dale Carnegie, llegando hasta nuestros días con el análisis de presentaciones TED que se han vuelto tan exitosas.

Las investigaciones abarcan la psicología, la etología y la programación neurolingüística. Cada punto está ilustrado con referencias precisas, desde películas y charlas TED hasta personajes históricos.

Imagina que estás al final de una presentación exitosa, ¿qué ves?, ¿qué escuchas?, ¿qué sientes? El método Impacto está diseñado para que tu comunicación dé un salto evolutivo, para que tus palabras florezcan en relaciones y oportunidades. Aquí hay secretos a la vista de todos, pero pasados por alto por muchos. Estos secretos se encuentran en las historias, en los personajes históricos, en el éxito de comunicación de las grandes marcas. ¿Estás preparado? Empezamos.

ACTO INICIAL ENCIENDE LA CHISPA

«No hay una segunda oportunidad para una primera impresión».

OSCAR WILDE

1.
Inicio inspirador

El inicio: el pollo y la mamá pelota

Hace más de quince años, un hombre se cruzó en mi camino y dejó una huella imborrable en mi vida. Me contó una historia que me dejó perplejo: los patitos recién nacidos, al ver una pelota en movimiento, la siguen como si fuera su madre. A este fenómeno se le conoce como impronta. ¿Esto podía ser cierto?

La idea me fascinó y me llevó a investigar. Descubrí que Konrad Lorenz, un etólogo, había observado este fenómeno. Los pollos recién nacidos seguían cualquier objeto grande en movimiento, ya fuera una pelota o una persona, como si fuera su madre. Esta primera impresión no solo duraba minutos, sino que se mantenía en el tiempo.

Esta revelación me hizo reflexionar sobre cómo una primera impresión puede cambiar toda una vida, incluso en los seres humanos. Y no hablo de la primera vez que ves a tu hijo, al nacer, sino en el día a día. En una presentación, los primeros segundos son cruciales, debido a que pueden dejar una huella para toda la vida. Por eso, en este capítulo, exploraremos cómo crear una apertura impactante en tu comunicación.

Muchas personas dedican tiempo al contenido, pero se olvidan de la importancia de una apertura poderosa. Puedes tener una gran idea o producto, pero si no enganchas desde el inicio pierdes la oportunidad. Gran parte del éxito en la comunicación está en el comienzo, en esas tácticas que capturan la atención de inmediato.

En inglés se le llama *hook* (gancho o anzuelo) y es como el gusano en el anzuelo que atrae al pez. Sin gancho no hay pez; sin apertura no hay atención.

Imagina esto a modo de parábola bíblica: el pescador salió a pescar. Lanzó el primer anzuelo, era brillante, pero demasiado grande; no atrajo nada. El segundo era colorido, pero demasiado pequeño; tampoco tuvo éxito. El tercer anzuelo, aunque parecía común, tenía algo especial. Era del tamaño adecuado, con la forma correcta y resonaba con el entorno. El pescador lanzó este anzuelo al agua. Y entonces, sucedió: una mordida, un tirón y la captura fue un éxito. Y pescó todo lo que quiso.

No usar un gancho adecuado o no usarlo es como prepararte durante días y, al llegar el momento, presentarte sin él. Estás al frente, todas las miradas están puestas en ti y las primeras palabras que dices son «Ehh, ¡hola! Soy Rigo, ingeniero mecánico, trabajo en la empresa Manufactura Molina». Y, en ese momento, las personas empiezan a perder el interés. La atención se te ha escapado.

¿Cómo logramos enganchar desde el inicio? ¿Cómo conseguimos captar la atención para ganar autoridad, credibilidad o ventas?

Aquí descubrirás cómo hacerlo y los errores comunes que nos alejan de comunicar efectivamente. Y porque nos interesa nuestra audiencia, vamos a iniciar de una forma: inspirando.

Evitando el cero
a la izquierda

Los militares usaban el término «cero a la izquierda» para referirse a un soldado sin habilidades básicas. Aunque no somos soldados, somos profesionales enfrentando desafíos, por lo que necesitamos habilidades para el éxito y así evitar ser un cero a la izquierda.

La atención es un recurso valioso. Imagina que estás en Netflix, cambiando de película una y otra vez hasta que algo capta tu atención. Finalmente, te quedas a ver la película cuando, en los primeros segundos, aparece un hombre de treinta y dos años.

> Desorientado en la bañera de un hotel con el cuerpo sumergido en cubitos de hielo. Miró a su alrededor frenéticamente intentando saber dónde estaba y cómo había llegado hasta allí. Entonces vio una nota que decía «No se mueva. Llame al 911».
>
> Sobre la mesita junto a la bañera había un teléfono móvil. Lo cogió y marcó el 911 torpemente, con los dedos entumecidos por el frío. La operadora, que curiosamente estaba familiarizada con la situación, le dijo: «Quiero que mueva la mano lentamente y con cuidado hacia atrás. ¿Siente un tubo sobresaliéndole por la parte inferior de la espalda?». Angustiado, palpó a tientas y ahí estaba el tubo. La operadora continuó: «Por favor, mantenga la calma. Le han extraído un riñón».[7]

Ha captado tu atención, seguramente vas a querer saber más y te quedas a ver la película.

Se necesita captar la atención y usar el gancho desde el principio porque tienes un mensaje valioso que compartir. Lo hacen las películas, los periódicos, el *marketing* y es fundamental al hablar en público. Detrás de un gancho o apertura de impacto hay una explicación psicológica sencilla. El entenderla nos va a dar más oportunidades para ser creativos y usar este conocimiento en todas las áreas de la vida.

Estamos hablando del poder de la primera impresión y para ello usaremos el gancho o apertura.

Inspirar: las cinco claves ocultas detrás del captar la atención en los primeros segundos

1. **Influye por la primera impresión.** En un experimento fascinante sobre la memoria realizado por Murdock[8] en 1962, se pidió a un grupo de participantes que memorizara listas de palabras que variaban entre diez y cuarenta palabras, presentadas una a una, a un ritmo de una palabra por segundo. Tras finalizar la lista, se les solicitó recordar tantas palabras como pudieran, en cualquier orden. El hallazgo fue sorprendente y revelador: las personas tendían a recordar las palabras presentadas al principio y al final de la lista, mientras que las del medio eran más a menudo olvidadas. Esta ventana de influencia por la primera impresión es una herramienta poderosa en el *marketing* y en la comunicación. Esto es la influencia por la posición serial. Es decir, que **no solamente es qué decir ni cómo decirlo, sino cuándo lo dices.** Empezar inspirando será nuestro primer paso para aprovechar esta ventana de oportunidad persuasiva.

2. **La batalla por la atención: engancha y conecta.** «Nunca hay una segunda oportunidad para una primera impresión», decía Oscar Wilde. Los directores de cine lo saben muy bien, sus películas deben conectar con el público durante los primeros segundos. Si no lo hacen, es probable que jamás sean vistas de nuevo. La apertura de impacto es nuestra arma secreta para hablar de forma creativa y auténtica en cualquier conversación.

3. **Orquestador de estímulos positivos.** ¿Recuerdas a alguien que te hace sentir bien cuando estás con él o ella? Las personas quieren estar con esas personas, ¿verdad? Se trata de establecer o cambiar tu audiencia a un estado de confianza y conexión. El inicio de tu presentación es un momento mágico para crear estímulos positivos, desde una simple pregunta hasta hacer reír.

4. **Pánico en el escenario de Michael Bay.** Imagina al director de la película *Transformers*[9] subiendo al escenario, todos aplauden. Se detiene frente al público para presentar la nueva televisión 4K de 105 pulgadas. Pero en siete segundos todo se derrumba. Pierde el hilo, los nervios lo sobrepasan y huye del escenario. Le tratan de ayudar con una pregunta sencilla, pero los nervios ya han acabado con él. Tras eso sale huyendo del escenario. ¿Qué ha ocurrido?
El inicio es el momento de mayor nerviosismo y no puedes dejarlo al azar. Con una fórmula de inicio practicada ganas terreno, reduces los nervios y aumentas la efectividad de toda tu presentación. No hay improvisación. Son quince segundos, tal vez, y ya sabes exactamente qué decir. Y es por ello por lo que puedes subir con confianza y seguridad, no hay incertidumbre como con Michael.

5. **Seguridad y confianza desde el primer momento.** La investigación muestra que la ansiedad se reduce significati-

vamente después de los primeros treinta segundos de presentación.[10] Verte y sentirte con más seguridad y confianza empieza con la apertura de impacto. Es la llave que abre la puerta a tu credibilidad y autoridad.

Nuestro objetivo con el inicio de impacto es captar la atención de la audiencia y prepararla adecuadamente. Y esto es en todos los rubros y más evidente es en los espectáculos. En la magia, por ejemplo, puede ser extremo. La estrategia utilizada por el mago The Amazing Johnathan, cuando él hizo una presentación, dijo ante su auditorio:[11] «Lo que estás a punto de ver es un truco». Saca un cuchillo y corta su brazo mientras la gente grita. Es un acto espeluznante. Lo corta como si tallara con su filo un pepino sin penetrarlo ni cortarlo en dos, mientras le sale sangre del brazo. Todos gritan y él grita para calmar a su audiencia: «¡Es un truco, no estoy cortando mi brazo». Una vez que se relaja la tensión, el mago dice: «¡Esto es real!», y empieza a usar el cuchillo para cortar su brazo mientras grita de dolor y todos gritan de pánico. Se vuelve toda una carnicería en el escenario. Todos pueden ver cómo sigue cortando su brazo izquierdo y cómo la sangre sigue brotando a chorros. Y luego exclama en voz alta mientras enseña su brazo totalmente completo y sin rasguño alguno: «¡Es un truco!». Termina su truco.

La magia lo lleva al extremo, pero es bastante cautivador. El mago prepara a la audiencia y establece expectativas desde que empieza: «Lo que estás a punto de ver...».

Captar la atención también viene con una expectativa. Las personas quieren aprender algo, entretenerse, inspirarse o motivarse.

Ganchos que te arruinan

¿Alguna vez has comenzado a ver una película y has dejado de hacerlo porque no te enganchó desde el principio? Es un fenómeno común y no solo en el cine. En la comunicación pública, los primeros momentos son cruciales para captar la atención de la audiencia. Aquí te presento algunos errores comunes que pueden arruinar esos primeros segundos vitales.

Inicio fallido: lo que no debes hacer al hablar

Disculparse por todo. Las disculpas constantes pueden minar tu autoridad y confianza. Ya sea por llegar tarde, estar enfermo o sentirte inadecuado para el tema, las disculpas excesivas desvían la atención de tu mensaje.

Los vicios del lenguaje o muletillas. Palabras o frases como «bueno», «pues», «este» pueden cerrar la puerta a tu audiencia. Estos «comodines del fracaso» pueden hacerte parecer inseguro y distraerte de tu mensaje principal.

Preguntas irrelevantes. Preguntar cosas como «¿me están escuchando todos?» no aportan valor y pueden desconectar a tu audiencia.

Datos innecesarios. Información superflua como «hablaré durante una hora más o menos» puede resultar aburrida y diluir tu mensaje.

No ir directo al grano. Frases como «bueno, antes de empezar» pueden hacer que pierdas la atención de tu audiencia desde el principio.

La reflexión que deberías comprender es que estos errores son horribles porque se centran en ti, no en tu audiencia o en tu mensaje. La comunicación efectiva requiere un enfoque en lo que tu audiencia necesita y quiere escuchar.

¿Cuáles de estos errores reconoces en ti mismo? Anótalos y trabaja en ellos para evitarlos. La conciencia y la práctica te ayudarán a comunicarte de manera más clara y efectiva.

Fórmulas de inicio: cómo captar la atención

El mago y el elefante invisible

Hace más de dos décadas, me encontraba en Las Vegas en un espectáculo de David Copperfield, uno de los mejores ilusionistas estadounidenses. Aunque estaba sentado frente al mago, pensaba: «Todo lo que voy a ver es un truco», lo que me predisponía poco al acto de ilusión y magia. Pero al pasar los minutos Copperfield narraba en el escenario, mostrando con sus manos los espacios vacíos y desplazándose con movimientos mágicos. Entonces, ¡zas!, un elefante apareció en el escenario.

Mi mente se llenó de preguntas: «¿Cómo lo ha hecho? ¿De dónde salió ese mastodonte? ¿Puede ser que el elefante siempre estuviera ahí, pero no lo hubiera visto?». La magia había triunfado, desafiando mi escepticismo y dejando una huella imborrable.

La sorpresa es un elemento poderoso en la magia, la comunicación y el *marketing*. Se trata de sorprender y crear interés, algo que podría potenciar nuestra carrera profesional. Pero ¿cómo se consigue cuando hablas en público? La respuesta puede ser tan sencilla como la magia de David Copperfield si se va paso a paso.

La sorpresa es quizá la emoción más poderosa para captar la atención. Este estado se desencadena con algo inesperado, novedoso o extraño y nos obliga a centrarnos en lo que lo causó. Imagínate una gran sorpresa, como el nacimiento de un hijo tan esperado, y cómo nuestra atención se centra automáticamente en ese momento mágico. Las cejas se levantan, los ojos se abren de par en par para ampliar el campo de visión y la mandíbula cae. Todo esto ocurre de manera involuntaria, igual que cuando nuestra atención se enfoca repentinamente en lo que está pasando. En este caso, se centra en la magia del nacimiento de un bebé.

Tanto en los actos de magia como en la sorpresa, lo que te dices a ti mismo cuando aparece el elefante es «no lo vi venir».

Una de las formas en que se consigue esta sorpresa es rompiendo el patrón, haciendo algo inesperado que desencadene la emoción más poderosa.

Varias formas de despertar la curiosidad: un arte antiguo

Hace siglos, la esquila de gatos era una práctica común para fabricar pelucas. Aunque suena extraño y hasta cruel hoy en día, en aquel entonces existían diversas técnicas y herramientas para llevar a cabo esta tarea. De ahí nace la expresión «Hay más de una forma de pelar a un gato». Pero no te preocupes, no promovemos ni practicamos tal actividad en la actualidad. Sin embargo, la lección detrás de esta peculiar frase es que hay múltiples formas de abordar un problema o, en nuestro caso, de abrir un discurso de manera exitosa.

Empezar fuerte es tu recurso clave. Al hacerlo tendrás una ventaja competitiva previa sobre aquellos que no lo hacen. Estarás abriendo una ventana de oportunidad para persuadir con tu mensaje, para captar la atención de tu audiencia como si fueras el director de una película emocionante, y ellos, los espectadores ansiosos por saber qué sucederá a continuación.

En las páginas que siguen, exploraremos **diez categorías clave** que te ayudarán a despertar la sorpresa o el interés en tu audiencia y captar su atención desde el primer momento. Como cualquier herramienta o táctica, te invito a experimentar y utilizar las que mejor se adapten a tu estilo y necesidades.

Más adelante, en el módulo de persuasión, profundizaremos en cómo potenciar el uso de estas fórmulas de inicio. Pero por ahora la pregunta que nos guiará es **¿cómo captar la atención creando el interés o la sorpresa?** La respuesta a esta pregunta será el faro que nos guíe en nuestro viaje hacia una comunicación efectiva y cautivadora.

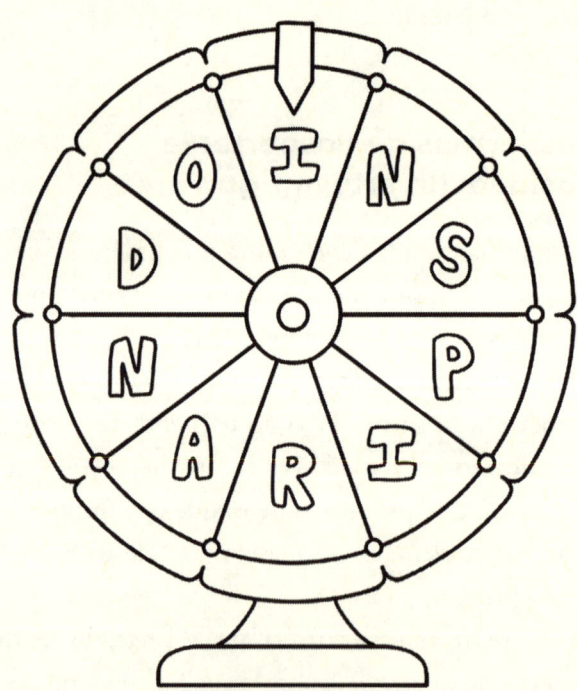

1. Despertando mentes: el arte de las aperturas con ideas audaces

Las ideas audaces son como piezas de ajedrez. Pueden ser vencidas, pero también pueden iniciar una partida victoriosa.

GOETHE

En el juego de la comunicación, las ideas atractivas y audaces son nuestras tácticas ingeniosas para iniciar una partida victoriosa. Al igual que en el ajedrez, una apertura sólida te brinda una ventaja significativa, mientras que una apertura débil puede obstaculizar tu camino hacia ganar el corazón y la mente de tu audiencia.

Imagina una gota clara cayendo en un estanque tranquilo. Para que nuestras ideas creen olas expansivas, necesitamos a una audiencia presente y despierta, lista para ser movida por nuestras palabras. Necesitamos crear ideas al inicio tan poderosas que puedan, si es posible, despertar a un zombi.

Ray Bradbury, el famoso escritor, lo expresó de manera brillante: «No necesito un reloj con alarma. Mis ideas me despiertan». Las ideas, en sus múltiples formas, son energía e información que atraen la energía y atención de las personas. Son chispas que pueden encender una llama de interés y curiosidad. Entonces, ¿cómo puedes atraer la atención al inicio con las ideas? ¿Cómo puedes convertir una simple frase en un gancho que despierte incluso al oyente más desinteresado?

Te invito a aprender las siguientes tres formas, muy sencillas, y a convertirte en el maestro de las aperturas, capaz de despertar al zombi en tu audiencia y guiarlo hacia un viaje de descubrimiento e inspiración.

Tres estrategias de apertura: la magia de las citas y proverbios

1.1 El poder de la sabiduría popular: citas y proverbios.

«El clavo que sobresale es el que se lleva el martillazo». Una forma efectiva de captar la atención es invocar la sabiduría popular a través de citas o proverbios. Estas perlas de conocimiento, especialmente si son inusuales o poco conocidas, pueden resonar profundamente en la audiencia.

Imagina que vas a hablar sobre la envidia. ¿Qué mejor manera de comenzar que con este proverbio japonés? Es una analogía perfecta para explorar sobre uno de los estados emocionales más dañinos y averiguar cómo nos limita. La envidia es como esta frase, donde el que sobresale o tiene éxito se lleva el martillazo que es la crítica.

Lo crucial aquí es seleccionar una cita o proverbio que esté en sintonía con tu tema. Comprender su significado y aplicarlo con destreza puede enriquecer tu presentación.

1.2. Sorprendiendo con un giro: citas contradictorias.

«Hemos oído que un viaje de mil millas comienza con un primer paso. Pero recuerda que un viaje al fracaso también comienza con un solo paso». ¿Quieres sorprender a tu audiencia? Intenta darle un giro a una frase universalmente aceptada. Contradecir una sentencia conocida puede ser una táctica provocativa y efectiva para enganchar a tu audiencia desde el principio.

Esta estrategia juega con las expectativas y desafía la sabiduría tradicional, creando un momento de sorpresa que puede ser un excelente punto de partida para tu discurso.

1.3. Conexión personal: citas personales y familiares.

«La clave para perdonar es aceptar que la otra persona es un asno y eso no se le va a quitar. Esto es algo que decía siempre mi abuelo». Todos tenemos frases o dichos que nos han impactado o hecho reír, ya sean propios, de familia o amigos. Utilizar una de estas citas personales puede ser una forma coloquial y efectiva de comenzar. Si estás en una reunión con amigos y quieres hablar del perdón, empezar con una frase como la anterior puede romper el hielo y establecer un tono relajado y cercano.

Lo importante es elegir una cita que se adapte a tu audiencia y a tu mensaje. Puedes jugar con ella, darle giros, estar de acuerdo o en desacuerdo. La flexibilidad y la autenticidad son la clave.

2. Narra una historia: una historia vale más que mil imágenes

Hay un proverbio chino que dice «Dime algo y lo olvidaré, enséñame algo y lo recordaré, pero hazme partícipe de algo y lo aprenderé».

¿Cómo hacemos partícipe a nuestra audiencia? O mejor aún, ¿cómo conectamos emocionalmente con ellos? La respuesta reside en la narración de historias. Al contar una historia, invitamos a la audiencia a sumergirse en un mundo imaginario, permitiéndoles vivir la experiencia junto a nosotros. No solo escuchan nuestras palabras, sino que sienten nuestras emociones, ven nuestras imágenes y se convierten en parte activa de la narración.

Dicen que una imagen vale más que mil palabras, pero una historia bien contada puede superar incluso a mil imágenes. Una historia tiene el poder de captar la atención, despertar la imaginación y crear una conexión profunda y duradera.

Hay tres tipos de historias que has estado contando desde pequeño y las podemos clasificar en tres categorías: las **personales,** que funcionan con la honestidad y autenticidad; las **de terceros,** que pueden ofrecer perspectivas únicas y lecciones valiosas; y las **históricas,** que conectan con nuestra herencia cultural y valores universales.

Al narrar una historia al inicio de tu discurso o presentación, creas un puente entre tú y tu audiencia, un puente construido con la magia de la imaginación y la empatía. Es una forma poderosa de captar la atención y asegurar que tu mensaje no solo sea escuchado, sino también sentido y recordado.

2.1 Las historias personales: ¿por qué es tan complicado hablar con los adultos?

Javier Ochoa García, estudiante de secundaria, pone en evidencia la compleja comunicación entre adultos y niños en su charla TED. Comienza con una historia personal, llevándonos a un momento de su niñez:

> Hace alrededor de un año me encontraba en una cena. La cena más típica que se puedan imaginar. Adultos conversando mientras se servían los platillos, personas platicando... Cuando, de repente, al otro lado de la habitación escucho a dos adultos hablando sobre las elecciones de Estados Unidos. Un proceso que a mí me encanta y llevaba mucho tiempo estudiando. Por lo que me acerco a ellos y con el permiso de ambos y me pongo a escucharlos. Después de un tiempo, detecté que uno de ellos dijo un dato totalmente incorrecto. Y cuando lo corrijo me dicen: «¿Y tú qué vas a saber?».[12]

Contar una historia personal brinda seguridad, pues nadie conoce esa historia mejor que tú. Además, las historias personales tienen el poder de conectar profundamente con la audiencia, haciendo que tus palabras resuenen más.

Consejo: haz una lista de tus historias personales, anécdotas e incidentes y crea aperturas de impacto con más confianza y seguridad.

2.2 Las historias personales y de terceros: una verdadera revelación

Zak Ebrahim ofrece una revelación sorprendente en su charla, una historia real y fuerte sobre terrorismo.

> El 5 de noviembre de 1990, un señor llamado El-Sayyid Nosair entró en un hotel en Manhattan y asesinó al rabino Mehir Kahane, el líder de la defensa judía.
>
> A Nosair inicialmente lo declararon inocente, pero estando preso por otros cargos menores, en compañía de otros, empezaron a planear ataques a unos doce iconos de Nueva York. Incluyendo túneles, sinagogas y la sede de las Naciones Unidas. Por suerte, esos planes se frustraron por un informante del FBI. Tristemente, la bomba de 1993 en el World Trade Center no se pudo evitar. Más tarde, Nosair sería condenado por su participación en ese atentado.
>
> El-Sayyid Nosair es mi padre.[13]

Esta técnica puede variar desde algo personal sencillo[14] hasta una confesión inesperada,[15] como lo hace Dan Pink, quien comienza con una «confesión» humorística sobre haber asistido a la Escuela de Derecho.

Necesito hacerte una confesión, hace veinte años hice algo de lo que me arrepiento. Algo de lo que no estoy orgulloso, algo que en muchas formas no deseo que nadie sepa, pero que aquí me siento obligado a revelar. A finales de los ochenta, en momentos de juventud indiscreta, fui a la Escuela de Derecho.

Se escuchan las risas y, aunque no es particularmente una confesión, sí es una buena apertura de historia personal.

De la misma forma, tus historias de apertura pueden ser de terceros o históricas.

Ten en cuenta que hay varias formas de inspirarte. La historia, incluso el día en que haces la presentación, puede tener un significado que se alinee con tu charla. Puedes buscar eventos históricos en sitios como National Geographic o OnThisDay.com. Eso sí, recuerda que la historia debe ser breve, pero con suficientes detalles para brillar.

3. El poder de la sorpresa: la transformación en insecto

Una mañana, Gregor se despierta y descubre que su cuerpo ha sufrido una metamorfosis monstruosa. Sus extremidades se han multiplicado, su abdomen se ha hinchado y su espalda se ha endurecido, creando un caparazón. Pero, en lugar de caer presa del pánico, su primer pensamiento es ¿cómo explicará su nueva forma en el trabajo? Esta inquietante y sorprendente historia, plasmada por Kafka en *La metamorfosis*, nos introduce en un mundo donde lo inesperado se convierte en una herramienta poderosa. Es el arte de la sorpresa, un recurso precioso en la comunicación, tan apreciado tanto en la literatura como en el *marketing*.

La sorpresa es una emoción que atrapa la atención como pocas cosas pueden hacerlo. Es el choque de lo inesperado, como despertar siendo un insecto, y la preocupación por algo tan mundano como el trabajo. Pero hay que tener cuidado: la sorpresa es fugaz, aunque es mágica mientras dura. En el siguiente capítulo exploraremos cómo mantenerla viva, pero por ahora ¿cómo la generamos?

La transformación de Gregor es algo imprevisto, extraño e incomprensible. Con este relato, Kafka logra conmover, suspender y maravillar; elementos esenciales de la sorpresa que tú también puedes emplear. Puedes sorprender con una imagen impactante, hechos asombrosos o momentos reveladores.

Un ejemplo contemporáneo es Chen Lizra[16] en su charla. Ella rompe el patrón tradicional al salir al escenario y abrazar inesperadamente a un hombre de traje. Se mueve con sensualidad, al ritmo de la música, mientras el hombre permanece inmóvil. Ella baila, moviendo sus caderas de manera provocativa. Es algo completamente inesperado en una charla y es su forma de introducir el tema del poder de la seducción en nuestra vida diaria.

He presenciado aperturas donde alguien comienza cantando, realizando actos de magia o tocando un instrumento. Y sí, captan la atención porque nadie se lo espera.

En todas las aperturas, la sorpresa es deseable, pero en este tipo de inicio el enfoque se encuentra en romper el patrón de lo común. La pregunta clave es ¿qué puedes hacer que sea inusual y sorprendente, pero que esté alineado con tu charla? Algo que sea auténtico y refleje tu personalidad, algo que pueda captar esa atención fugaz y convertirla en interés sostenido.

Consejo: piensa en algo inusual y sorprendente, alineado con tu charla y auténtico a tu personalidad, que pueda captar la atención. Puede ser cantar, realizar un acto de magia, tocar un instrumento o cualquier otra cosa que nadie espere.

Escribe aquí unas ideas.

....

....

....

4. La fuerza de las preguntas: cuando la mente encuentra un espacio vacío

¿Qué hace la mente cuando no hace nada? La mente está diseñada para pensar, resolver problemas y buscar respuestas. Tiene una tendencia natural, que es crear pensamientos. Cuando ve un espacio vacío, se saborea y trata de llenarlo pensando. Cuando preguntamos, se crea en la mente pensante un espacio vacío y la mente intenta llenarlo, ya sea por instinto de supervivencia o bienestar, la mente trata de responder a las preguntas. Por ejemplo, si pudieras hacer una pregunta al universo, ¿cuál sería? Estoy seguro de que ahora tu mente se ha centrado en tratar de responder a esa pregunta.

Las preguntas son como un reflector de luz, donde tú diriges el reflector para decidir adónde va la luz. Pues esto es lo mismo, a donde diriges tus preguntas, diriges la atención y la energía de las personas. Les creas un espacio vacío que el cerebro intentará llenar.

Hay tres tipos de preguntas que te ayudan a dirigir la atención y la energía de tu audiencia a lo que deseas. Estas son las preguntas **cerradas, retóricas o para la reflexión** y para provocar **interacción.** Las preguntas se usan en títulos de libros, como *¿Quién se ha llevado mi queso?* O en películas, como la comedia *The Hangover*

(¿Qué pasó ayer?), dirigida por Todd Phillips en el 2009. Y también en nombres de conferencias: «¿Las escuelas matan la creatividad?». Las preguntas se usan en múltiples disciplinas profesionales para llevar la atención a un punto. A nuestro punto.

4.1. Preguntas para la reflexión: ¿cómo logró su libertad la bicicleta abandonada?

Una bicicleta abandonada. Tal vez algunos han imaginado una bicicleta vieja, enmohecida o descolorida, justificando así su abandono y, a la vez, su libertad. Esta pregunta puede ser una apertura para hablar del olvido de los abuelos en los asilos de ancianos o de la pareja abandonada en una relación. La pregunta en sí evoca una imagen o una historia y puede usarse como una metáfora disfrazada de pregunta, ideal para las preguntas de reflexión.

Otra idea más enfocada a líderes es la táctica de Simon Sinek, quien empieza su presentación con «¿Cómo explicas cuando las cosas no salen como se supone? Por ejemplo, ¿por qué Apple es tan innovador?».[17] Las preguntas retóricas o de reflexión estimulan y encienden la mente, enviando energía al espacio vacío donde debe de estar la respuesta.

4.2. Preguntas para provocar interacción: *Bandersnatch*, tú tienes el control

Imagina una escena tensa en un balcón, donde dos jóvenes, Colin y Stefan, se enfrentan a una elección mortal. Uno de ellos está a punto de arrojarse y quitarse la vida, pero ¿quién de los dos lo hará? La respuesta está en tus manos, tú tienes el control y puedes decidir.

En el 2018, Netflix sacó *Bandersnatch,* su primera película interactiva. En este filme, el espectador toma decisiones que afectarán la trama de la película, como decidir quién va a morir: ¿Colin o Stefan? La elección está en tus manos, en el mando de la televisión, y la tensión se siente en cada pulsación del botón.

Las preguntas de interacción, como las presentadas en *Bandersnatch,* tienen varios beneficios tanto para Netflix como para hablar en público:

- Se diferencia y se destaca de otras opciones.
- Atrae a quienes quieren experiencias más interactivas.
- Genera más involucramiento y compromiso.
- Recopila información de lo que piensa la audiencia.

Otro ejemplo de interacción lo encontramos en Celeste Headlee, quien generó participación de esta forma sencilla y práctica: «A ver, quiero ver manos levantadas. ¿Cuántos han eliminado a alguien de Facebook porque dijo algo ofensivo sobre política, religión, cuidado infantil o comida? ¿Y cuántos de ustedes conocen al menos a una persona que evitan solo porque no quieren conversar con ella?».[18]

Con estas preguntas, puedes notar algo de inmediato: hay interacción, involucramiento y puedes obtener información en tiempo real de lo que hace o piensa el público. Es genial y, además, se genera más compromiso al participar. A partir de ahí, Celeste empieza a hablar sobre su tema, que son las diez formas de tener una buena conversación y, de hecho, ya está teniendo esa buena conversación con su audiencia, atrayéndolos al tema.

4.3. Preguntas cerradas: la decisión del César

Vamos a una escena del pasado. Era el año 49 a. C., las aguas del río Rubicón fluyen serenamente y, en su orilla, un hombre se encuentra en una encrucijada. Julio César, el general romano, se detiene indeciso, su mirada perdida en el horizonte. La decisión que debe tomar no es trivial; es una que cambiará el curso de la historia.

Si cruza el río, será odiado por todos los suyos; si no lo cruza, estará perdido. La tensión es palpable y el tiempo apremia. Se dice que fue una decisión de una moneda al aire, una elección binaria, sin matices. Al final, con determinación en su rostro, se lanza a cruzar el río con su ejército, proclamando: «La suerte está echada». Y así, cruza para convertirse en el líder indiscutible del mundo romano.

Esta historia ilustra la esencia de una pregunta cerrada, donde la respuesta se restringe a pocas opciones, buscando claridad y precisión. «Sí» o «no», «cruzar» o «no cruzar». Es una herramienta poderosa que también se usa en las entrevistas para obtener rápidamente algún dato por parte del entrevistador.

En la apertura de una charla o presentación, las preguntas cerradas son valiosas porque son directas, fáciles de entender y responder. Puedes comparar ahí mismo los resultados y utilizarlos para conectar con tu audiencia, como en el caso de sir Robinson,[19] quien usa una apertura sencilla, solo saludando: «Buenos días, ¿cómo están?».

Las preguntas son herramientas poderosas en la comunicación. Pueden ser utilizadas para reflexionar, interactuar o dirigir la atención de la audiencia. Ya sea en una charla, una presentación o una película interactiva, las preguntas adecuadas pueden abrir la mente, involucrar al público y llevar la conversación a un nivel más profundo y significativo. Utiliza estas técnicas para mejorar tus habilidades de comunicación y conectar con tu audiencia de una manera más efectiva y atractiva.

5. Imagina el Nautilus: el submarino más famoso del mundo

Embárcate en el Nautilus, el submarino más famoso del mundo, y sumérgete en un viaje a través de la imaginación y la maravilla. En esta nave te deslizas como un pez vela, capaz de descender once kilómetros. Su diseño es una maravilla de la ingeniería, y su historia, una leyenda. Pero lo más asombroso de todo, ¿sabes qué es? Que nunca existió. Apareció por primera vez en 1869, producto de la imaginación de Julio Verne, un hombre que entendió que «hay algo más importante que el conocimiento; el conocimiento es limitado y la imaginación circunda el mundo». Como dijo Julio Verne: «Cada cual vive en el mundo que es capaz de imaginar».

Imagina a don Quijote, con su armadura reluciente, cabalgando por los campos de La Mancha. En su mente, un molino de viento se transforma en un gigante y su imaginación lo lleva a vivir aventuras épicas. Todos tenemos esa capacidad de imaginar y, bien encauzada, puede dar vida a personajes, sueños y pensamientos que enriquecen nuestra existencia.

John Lennon, con su guitarra en mano, cantaba con anhelo y emoción: «Imagina a todas las personas viviendo en paz». Sus palabras resonaron en millones de corazones y su visión de «un mundo en paz» se convirtió en un himno universal. La imaginación, esa chispa divina, es una cualidad de nuestra mente que puedes utilizar para crear aperturas de impacto.

¿Cómo hacerlo sencillo? Puedes invocar este poder usando la palabra «imagina», como lo hizo Jane Chen[20] en su charla TED. Imagina su voz suave y persuasiva diciendo: «Por favor, cierra tus ojos y abre tus manos. Ahora imagina lo que puedes poner en tus manos, una manzana, tal vez una cartera. Ahora, abre los ojos. ¿Qué me dicen de una vida?». Y, en ese instante mágico, muestra una imagen tierna de un bebé muy pequeño dormido, sostenido por un adulto en una sola mano (Anne Geddes).[21] La otra mano cubre al bebé. Y después describe la imagen, diciendo que es un bebé prematuro que parece que descansa, pero que no es así, sino que está luchando por sobrevivir. Continúa hablando del bajo costo de las incubadoras, las cuales pueden salvar muchas vidas en países subdesarrollados.

Su mensaje conecta inmediatamente, y su charla sobre las incubadoras de bajo costo se convierte en un llamado a la acción.

Otro recurso poderoso es el «¿Qué pasaría si?». Imagina preguntar: «¿Qué pasaría si pudieras bajar de peso tres kilos en una semana, sin dieta y de forma natural?». Con esto, llevas a tus oyentes a un futuro donde tus ideas o servicios se materializan.

Usa la imaginación y lleva a tu audiencia a un nuevo mundo. La imaginación no es solo un juego de niños, sino que es una herramienta poderosa que puede transformar la forma en que vemos el mundo y cómo nos comunicamos con los demás. Ya sea a través de la palabra «imagina» o planteando escenarios futuros, puedes captar la atención de tu audiencia y llevarla a un lugar donde tus ideas cobren vida.

6. Reconocimiento y elogio: un arte milenario en la comunicación

En una pequeña aldea, un pastor interrogó a Juanito con una mirada severa:

—¿Y no te asusta, muchacho, ir al infierno y encontrarte con Satanás, el demonio?

—Al que le debería de asustar es a usted, que vive hablando mal de él todos los domingos.

Así, con la inocencia de un niño, se revela una verdad universal y profunda: hablar mal de alguien es invocar enemigos innecesarios. En cambio, lo que realmente buscamos es abrir puertas al cielo del agrado personal, a la conexión humana. Pero, ¿qué pasaría si, en lugar de invocar demonios, abriéramos puertas al cielo del agrado personal?

Es posible. Y hay dos factores que aumentan de manera fiable el agrado personal: la afinidad y el elogio.[22] La crítica o hablar mal de alguien causa rechazo, mientras que el reconocimiento y el elogio abren corazones.

Echar flores para seducir y desarmar

En la antigua Grecia, cuando los actores trascendían el escenario y tocaban el alma del público, la gente echaba flores literalmente. Este gesto, más que un simple adorno, era un reconocimiento de la excelencia, un tributo a la humanidad en su forma más elevada. Esta tradición, aunque escasa hoy, refleja una necesidad humana profunda: la búsqueda de aplauso y aprobación. Hoy en día, esta costumbre persiste de otra forma: los actores reciben ramos de rosas en mano, una muestra de gratitud y admiración por su desempeño.

En la actualidad, «echar flores» es una metáfora que perdura, un símbolo de nuestra necesidad innata de aplauso y aprobación. El elogio tiene el poder mágico de seducir y desarmar, de transformar la percepción y valoración de quien elogia y es elogiado. Es bueno, pues ayuda a desarrollar la autoestima y autoconfianza. También es una necesidad, ¿te has dado cuenta de que los niños hacen sus propias obras de teatro? Dentro de nosotros, desde niños, buscamos el aplauso y la aprobación de los padres y, después, la aprobación social.

El elogio es como un arte. **Es una danza sutil de seducción y reconocimiento.** No solo en el hablar en público, sino también en el teatro de la vida. El elogio es una flor arrojada al escenario, un gesto que trasciende la mera cortesía y se convierte en un arte en sí mismo. No es simplemente una palabra amable o un cumplido fugaz; es una fuerza que tiene el poder de seducir y desarmar, de transformar la percepción y elevar el espíritu.

El elogio puede surgir de cualquier fuente, ya sea del público, del orador o de un extraño en la calle. Pero lo que lo hace verdaderamente poderoso es su capacidad para mejorar la valoración de quien elogia. En este juego sutil de reconocimiento, a veces ni siquiera es necesario que el elogio sea merecido.

Un elogio puede ser una falsedad, pero, incluso en su falsedad, el elogio tiene un valor. Investigaciones modernas han revelado que aquellos que no escatiman en halagos, incluso cuando no son del todo sinceros, son tenidos en mayor estima.

Los datos experimentales nos muestran una verdad aún más profunda: «Los comentarios positivos acerca de las características personales, la actitud o el rendimiento de alguien despiertan, por norma, simpatía en ese alguien hacia quien las formula, además de predisponerlo a cumplir los deseos de la otra persona».[23] Es como si el elogio creara un puente invisible entre dos almas, uniendo sus destinos en un lazo de simpatía y comprensión.

Y como diría Aristóteles, el filósofo cuyas palabras han resonado a través de los siglos, es fundamental manifestar la magnitud de una excelencia.[24] En el elogio encontramos una forma de arte que celebra la grandeza humana, reconoce la belleza en los demás y, en su máxima expresión, nos eleva a todos.

La atracción de lo común: un espejo de nuestros valores y prioridades

En la vida, a menudo encontramos que las cosas en común nos acercan a los demás. Puede ser algo tan simple como compartir un *hobby* o tan profundo como tener los mismos valores y creencias. Esta conexión crea una resonancia, una armonía que nos hace sentir más cercanos y comprendidos.

Antes de elogiar a alguien, es esencial considerar lo que realmente valoramos y apreciamos de esa persona. Es un reconocimiento de la cualidad que estimamos, una forma de ver nuestra propia imagen reflejada en los demás.

Y, como diría Aristóteles, en cada sitio hay que decir la cualidad que allí se estima, ya sean personas o instituciones. Steve Jobs, el visionario detrás de Apple, una vez ilustró esto de manera magistral y sencilla. Al dirigirse a los graduados de la Universidad de Stanford, comenzó con las palabras «Es un honor estar en una de las mejores universidades del mundo». No fue solo un cumplido, fue un reconocimiento, un elogio que resonó con todos los presentes.

Los aplausos que siguieron no fueron solo una respuesta cortés, sino que fueron una afirmación de que las personas se sienten valoradas y competentes cuando se les reconoce de esta manera. Fue un momento en que todos se sintieron parte de algo más grande, algo especial.

El elogio en nuestro mundo: un acto universal de reconocimiento

Los reconocimientos y elogios son como el aire que respiramos en la sociedad moderna. Los encontramos en cada ceremonia universitaria, en cada competición deportiva, en cada acto de Gobierno, en cada evento escolar y en la vida misma.

Convertirse en un experto en elogiar genuinamente es una cualidad que distingue a los grandes líderes. Pero ¿cómo podemos elogiar genuinamente para mejorar nuestro liderazgo?

La proximidad de lo similar: un acercamiento físico

Dos ideas emergen de la investigación.[25] La primera es que las personas con convicciones políticas y valores sociales similares tienden a acercarse más físicamente. Esto significa que compartimos espacios y nos sentimos más cómodos con aquellos que son como nosotros. La segunda es que las similitudes, como la edad, la religión, la política, o incluso hábitos, como fumar, pueden inclinar la balanza en decisiones tan prácticas como comprar una póliza de seguros.

Esto nos lleva a considerar tres ideas clave para comunicar en público: encuentra similitudes con tu audiencia, elogia logros colectivos y sé genuino y específico.

El arte de elogiar: entre la sinceridad y la adulación

Elogiar no es un acto de adulación o falsedad. Debe ser auténtico, resaltando una cualidad verdadera en el otro. Cicerón, el gran orador romano, nos enseñó que elogiar requiere de la amplificación, pero sin cruzar la línea hacia la adulación, que se ve falsa y pierde su poder.

La amplificación es el arte de destacar una superioridad, algo noble o una cualidad valorada. Debe ser una manifestación de lo que consideramos excelente.[26]

Tomemos, por ejemplo, la frase de Steve Jobs en Stanford: «Es un honor estar en una de las mejores universidades del mundo». Esta simple declaración contiene varios elementos clave:

- **Elogia por excelencia.** Reconoce la superioridad, algo que no es fruto de la casualidad, sino de sí mismo.
- **Especificidad.** No es un cumplido genérico, es un reconocimiento específico y directo.

- **Participación.** Todos se sintieron parte del elogio, creando una conexión comunitaria.
- **Propósito.** Poner de manifiesto que la persona tiene un propósito noble. Esto es evidente cuando manifestamos que ya lo había logrado antes.[27]
- **Genuinidad.** Es auténtico, reflejando lo que realmente se piensa y siente.

Reconocer, elogiar o agradecer no son solo palabras; son herramientas poderosas para mejorar o sanar relaciones, unir a las personas,[28] crear un sentido de comunidad fuerte.[29] Además de todo esto, las personas tratan de corresponder a ese favor.[30]

Recuerda: reconocer el mérito o las cualidades de alguien es mucho más que un simple cumplido; es un elogio, un acto que refleja nuestra humanidad y nuestra capacidad para ver lo mejor en los demás.

7. La magia de las analogías y metáforas: un puente hacia lo desconocido

Mi primer perro ya está en el cielo, su vida fluyó rápida y alegre como un arroyo.

Las analogías y metáforas son herramientas que usamos día a día, creando dobles sentidos y significados profundos. Decir que alguien está en el cielo es una forma poética de expresar que ha muerto o que está en un mejor lugar.

Estas figuras literarias sorprenden y nos hacen reflexionar, conectando lo conocido con lo desconocido. Son como puentes que nos llevan a un nuevo entendimiento y su poder reside en su simplicidad y en su resonancia con la audiencia.

La flor única: una metáfora de la vida

Un discurso que captura la esencia de las metáforas es el de Dananjaya, una inspiración para conmover y reflexionar. Imagina a Dananjaya en el escenario, relajado y sonriente. Extrae una flor roja de su bolsillo, la huele en silencio y luego, mirando a la audiencia, dice:

Tú y yo no somos tan diferentes a esta flor. Así como esta flor es única, tú eres único. Cada uno de nosotros tiene algo especial que nos hace hermosos. ¿Sabes lo que hace a la gente especial? [pausa] Ahora la respuesta a eso puede ser algo difícil de encontrar, porque a veces [y camina hacia el pequeño cesto de basura en el escenario] la vida tiene una forma cruel [y va quitando pétalo a pétalo de la flor] de tomar nuestros pétalos... [sigue quitando pétalos y tirándolos a la basura], rompernos en dos [rompe la flor] y tirarnos a la basura [tira la flor a la basura]. [Pausa] Y cuando estás roto [señala al cesto de la basura viendo a la audiencia] es difícil sentirnos especiales.[31]

La analogía es simple: «Así como la flor es única, tú eres único». Pero Dananjaya la lleva más allá. La metáfora de Dananjaya con la flor es un espejo delicado de nuestra existencia. Cada pétalo arrancado es una herida que la vida nos inflige, una pérdida, un sueño roto. La flor, una vez radiante y única, se despoja de su esencia, al igual que nosotros en los momentos de dolor. Pero en su fragilidad, la flor nos enseña sobre nuestra propia resistencia y la capacidad de encontrar belleza incluso cuando nos sentimos rotos y desechados. Somos la flor y en cada pétalo reside una parte de nuestra humanidad.

Crear analogías y metáforas es un recurso poderoso. Puede ser desde una analogía sencilla hasta toda una metáfora visual como esta.

Puentes de palabras

Las analogías y metáforas son recursos poderosos, capaces de transformar una idea en una imagen vívida y emotiva. Pueden ser desde una comparación simple hasta una metáfora visual completa, como la de Dananjaya.

¿Cuál sería tu analogía para iniciar tu tema? ¿Qué puente construirías para conectar con tu audiencia?

Empieza usando analogías o metáforas y descubre el poder de estas herramientas en el arte de hablar en público.

8. La magia de la necesidad: un deseo a tu alcance

Poderosa es la ley, pero más poderosa es la necesidad.

GOETHE

Imagina por un momento que tienes en tus manos la lámpara de Aladino, esa reliquia mágica que, según la leyenda, alberga a un genio capaz de conceder tres deseos. ¿Qué pedirías? ¿qué anhelo profundo sacarías a la luz?

Esta historia, tan antigua como cautivadora, nos habla de algo más que de magia y fantasía. Nos habla de nuestras necesidades, de nuestros deseos más íntimos y de cómo, a veces, lo que más anhelamos está a nuestro alcance.

Cuando te detienes frente a una audiencia, te conviertes en ese genio mágico. Con la diferencia de que ya sabes qué desea tu audiencia. Y con tu charla vas a ayudarlos a obtener su deseo. Si tienes el poder de conocer los deseos, necesidades y problemas de quienes te escuchan, entonces tu voz puede ser la chispa que encienda la lámpara y haga realidad un deseo.

La ganancia inmediata: un truco a tu alcance

Amy Cuddy, en su charla sobre el lenguaje corporal, nos ofrece un ejemplo brillante de cómo hacerlo. Imagina que estás en la audiencia y escuchas: «Quiero empezar ofreciéndoles un sencillo truco muy productivo que solo requiere lo siguiente: que cambies tu postura por dos minutos. Pero antes quiero pedirles que ahora mismo hagan una revisión de su cuerpo y de lo que están haciendo con él. Veamos, ¿cuántos de ustedes están empequeñecidos?».[32]

En ese instante, te tiene. Estás a punto de descubrir un secreto que puede cambiar tu vida. Una ganancia inmediata. Un pequeño ajuste en tu postura puede abrir puertas a la seguridad, autoridad y credibilidad. Y explica cómo con nuestro lenguaje no verbal juzgamos y somos juzgados. Y hasta podemos predecir resultados.

Ofrecer una ganancia es responder a la pregunta de la audiencia: «¿Qué hay para mí?». Para esta charla, sería un truco sencillo para ser más productivo. Igualmente, puede ser una ganancia al final de la charla, ¿qué es lo que se van a llevar? ¿Y cómo podemos aplicar esto?

Satisfaciendo la necesidad: la llave a la satisfacción

Nuestra mente está programada para resolver problemas. Ya sea para sobrevivir o tener éxito, la satisfacción llega cuando logramos nuestro objetivo. Si sabes que el 75 % de la población sufre algún síntoma de ansiedad al hablar en público, puedes empezar con «Te voy a enseñar cómo hablar en público sin miedo y conquistar a tu audiencia con tres sencillos pasos».

El problema es el miedo, el deseo es la confianza. Tú tienes la solución (en tres sencillos pasos).

Tu lámpara de Aladino:
dos preguntas clave

1. ¿Cuál es el dolor o deseo de la otra persona?
2. ¿Cómo lo solucionas?

Responde a estas preguntas y tendrás en tus manos tu propia lámpara de Aladino, lista para ofrecer una ganancia inmediata. La magia no está en la lámpara, está en ti, en tu capacidad para **entender, conectar y satisfacer** las necesidades de quienes te escuchan.

8. Despertando la curiosidad con datos y estadísticas

¿Sabías que cada segundo, en algún lugar del mundo, las personas experimentan 25 000 orgasmos? Esta afirmación puede haber captado tu atención de inmediato. Es sorprendente, inesperada, y, sin duda, intrigante. Los datos y estadísticas tienen ese poder mágico de encender el fuego de la curiosidad y abrir puertas a mundos desconocidos.

Imagina que eres un sexólogo y estás a punto de hablar sobre cómo llevar una vida sexual sana. ¿Cómo captarías la atención de tu audiencia? Tal vez una estadística como la anterior sea el anzuelo perfecto, incluso si luego decides darle un giro completamente diferente a tu charla.

La seriedad de los datos y estadísticas: un camino hacia la conciencia

Los datos y las estadísticas no son solo herramientas para sorprender, también pueden ilustrar la importancia y seriedad de un tema. Investigar y presentar cifras impactantes puede transformar una charla de lo mundano a lo extraordinario. Algunas ideas las presentan páginas como *Omnicalculator*[33] para sacar datos sorprendentes, pero generales, y sirven para alguna charla informal. Pero con un poco de investigación, puedes obtener datos como lo hace Jamie Oliver en su charla TED. Él utilizó este recurso magistralmente al decir: «Tristemente, en los siguientes dieciocho minutos, mientras hablamos, cuatro estadounidenses que están vivos estarán muertos por la comida que comen».[34]

Esta afirmación no solo sorprende, sino que también conduce a una reflexión profunda sobre la obesidad y la importancia de enseñar a los niños acerca de la comida.

La elección de las palabras: la diferencia entre lo común y lo extraordinario

Comparar dos enfoques puede ilustrar el poder de los datos. Tal vez has escuchado a alguien que inicia con este formato: «Les voy a hablar sobre la pobreza extrema». Es informativo, pero tal vez no atractivo. Ahora, considera esta opción: «Al final de esta conferencia, habrán muerto 1080 personas de hambre». La diferencia es palpable.

Los datos y estadísticas sorprendentes son como chispas en la oscuridad, capaces de iluminar y despertar la curiosidad. Te invito a explorar este recurso, a buscar esos números que puedan dar vida a tu mensaje y conectar con tu audiencia de una manera única y poderosa.

Recuerda: lo inesperado tiene el poder de transformar lo ordinario en extraordinario. Usa ese poder sabiamente y tu mensaje resonará en los corazones y mentes de quienes te escuchan.

10. Cómo los objetos e imágenes pueden contar historias poderosas: el lenguaje visual

«Es un pequeño paso para el hombre, un gran salto para la humanidad». La imagen de Neil Armstrong pisando la Luna en 1969 no solo recorrió el mundo, sino que también se convirtió en un símbolo de progreso y ambición. Una imagen que, aún hoy, sigue resonando en nuestras mentes. En este caso, el mensaje era muy sencillo y profundo. El mensaje era que Estados Unidos estaba en la cima del progreso y, si lo puedes hacer allí, lo puedes hacer en otras áreas.

La magia de lo visual: más allá de las palabras

Las imágenes tienen un poder único para comunicar ideas complejas y profundas. Son universales, trascienden las barreras del idioma y pueden ser sorprendentes y cautivadoras. Para el cerebro humano, una imagen puede ser más fácil de comprender que un conjunto de palabras, ya que las palabras son símbolos que requieren un mayor procesamiento mental.

10.1. Objetos cautivadores: el misterio del barril antipandemia

Bill Gates[35] está caminando hacia el escenario para hablar en público. Es normal, pero lo raro es lo siguiente. Iba empujando una carretilla con un barril negro marcado con los sellos del Departamento de Defensa de Estados Unidos. La curiosidad se apodera de la audiencia. ¿Qué es ese barril? ¿Por qué lo lleva? Gates revela que el barril contiene alimentos para sobrevivir en caso de guerra nuclear, pero su mensaje es sobre la posible próxima catástrofe: una pandemia. El barril era lo que las familias guardaban en el sótano de sus casas cuando él era niño. Su interior contenía los alimentos para sobrevivir en caso de una guerra nuclear. Un objeto simple se convierte en una profecía y una poderosa herramienta de comunicación.

Pero en ese momento Gates venía a hablar de la posible siguiente catástrofe: una pandemia. Algo parecido a lo que ocurrió en el 2019 con la COVID-19. ¿Una especie de profecía?

10.2. El misterio de los huevos revueltos: un viaje visual marcha atrás

David se detiene frente a la audiencia con una sonrisa juguetona en su rostro. «Sí, es un huevo revuelto», anuncia, mientras, en la pantalla detrás de él, aparece un vídeo en primer plano de un utensilio batiendo un huevo en un recipiente de vidrio. La audiencia observa, fascinada, pero también un poco desconcertada. Hay algo extraño en la imagen, algo que no pueden poner en palabras. «Mientras lo miran —continúa David—, espero que empiecen a sentirse un poco incómodos».[36]

La cámara en el vídeo comienza a alejarse lentamente y la audiencia empieza a darse cuenta de lo que está sucediendo. El video se reproduce en reversa. Lo que parecía un huevo siendo batido se transforma en una yema que se recompone, se mete en el cascarón, y el huevo, ahora intacto, es cuidadosamente colocado a un lado por unas manos invisibles.

«Sabemos desde lo más profundo del corazón que el mundo no funciona así», dice David, su voz cargada de significado. La audiencia queda en silencio, el misterio resuelto, pero la impresión perdura.

Este no es solo un truco visual; es una metáfora poderosa, una invitación a reflexionar sobre cómo funciona el mundo, sobre la naturaleza del tiempo y la existencia. David podría haber comenzado su charla con una pregunta o una afirmación, pero eligió este vídeo intrigante y desconcertante para llevar a su audiencia en un viaje desde el *big bang* hasta la aparición del internet.

10.3. El misterio del útero: un vistazo a lo desconocido

La sala se oscurece y la audiencia se acomoda en sus asientos, expectante. En la pantalla, aparece una imagen sorprendente y profundamente íntima: un bebé en el útero, su pequeña mano alcanzando y tocando su propio cuerpo de una manera que recuerda a los movimientos masturbatorios.

Roach, con una mirada de curiosidad y una sonrisa enigmática, se para frente a la audiencia. «Esto lo dicen los expertos[37] —comienza, señalando la imagen detrás de ella. La imagen proviene de una revista científica de medicina y el artículo lleva un título que despierta la curiosidad—: observaciones de masturbación en el útero».

La audiencia murmura, una mezcla de sorpresa, incredulidad y fascinación. Roach continúa, su voz llena de entusiasmo: «Tengan en mente que es un ultrasonido, así que pudieron hacer imágenes en movimiento».

Esta no es solo una apertura impactante; es una puerta de entrada a un mundo de descubrimiento y exploración. Mary Roach está a punto de llevar a su audiencia en un viaje a través de la complejidad y la maravilla del orgasmo humano, comenzando con esta imagen inesperada y provocadora.

Es un recordatorio de que lo que consideramos tabú o incómodo puede ser, en realidad, una fuente de asombro y entendimiento. Es un excelente inicio para un tema tan intrigante como «Diez cosas que no sabías del orgasmo» y una invitación a mirar más allá de lo obvio, a cuestionar nuestras suposiciones y a abrazar lo desconocido.

Inspirar y motivar

Hemos explorado juntos las múltiples formas en que podemos captar la atención de una audiencia desde el primer momento. Cada estrategia lleva en sí la promesa de un comienzo emocionante, una chispa que puede encender la imaginación y el interés. Desde la inquietante imagen de un huevo quebrándose en reversa hasta la clásica cita del abuelo. Es un viaje de descubrimiento al que llevamos al oyente.

Pero ¿qué sucede después de ese primer y poderoso impacto? ¿Cómo mantenemos la atención de la audiencia una vez que hemos captado su interés? ¿Cómo alimentamos la llama que hemos encendido, guiando a nuestros oyentes a través de un camino lleno de inspiración y entendimiento?

La respuesta a estas preguntas nos lleva al corazón del siguiente paso en el método: la m de motivación. Porque una apertura de impacto es solo el comienzo. Iniciar inspirando es un arte y motivar es su alma gemela.

En el próximo capítulo, exploraremos cómo mantener a la audiencia en el borde de sus asientos, cómo alimentar su curiosidad y cómo transformar una charla en una experiencia inolvidable.

Mientras tanto, te dejo un par de líneas para que anotes las principales ideas que has sacado de este capítulo:

....

....

....

....

....

2.
Motivación

El poder de la conexión emocional: de Shakespeare a la oratoria moderna

La tragedia de Shakespeare *Romeo y Julieta* nos presenta una escena inolvidable: Mercucio, herido, yace en el suelo. Romeo, con esperanza y desesperación en los ojos, intenta consolarlo.

—¡Valor! Quizá la herida no sea gran cosa.

—No, no es tan profunda como un pozo ni tan ancha como una puerta de iglesia...

Tiempo después muere el amigo y confidente de Romeo. Pero la verdadera tragedia vendría después.

En la inmortal obra de Shakespeare, Julieta, una joven Capuleto, se encuentra atrapada en las redes de un matrimonio arreglado con el conde París. A pesar de su resistencia interna, las convenciones sociales y las expectativas familiares la atan, impidiéndole contradecir abiertamente a su padre sin ser repudiada.

Sin embargo, el destino, con su caprichoso juego, hace que en un baile de máscaras Romeo y Julieta crucen miradas y corazones. Un amor que nace en medio de un conflicto ancestral entre dos familias, los Capuleto y los Montesco, que se desprecian hasta la muerte. Esta enemistad desencadena una serie de trágicos eventos: Mercucio, el leal amigo de Romeo, cae a manos de Teobaldo, primo de Julieta. En un acto de venganza y dolor, Romeo enfrenta y mata a Teobaldo, sumiendo a Julieta en un dilema desgarrador: ¿debería ser leal a su amado Romeo o a su familia?

A pesar de las adversidades, Julieta elige a Romeo. Pero ¿qué la llevó a tomar esa decisión? No fue solo el amor romántico, sino una profunda conexión emocional, una comprensión mutua y una aceptación inquebrantable. Esos fueron los pilares que la sostuvieron en su lealtad.

Al igual que en la oratoria, la conexión es esencial. Si no proporcionas un motivo genuino y convincente para que tu audiencia permanezca contigo, es probable que su atención se desvanezca. ¿Alguna vez has sentido esa desconexión al hablar? La clave es encontrar ese vínculo, ese motivo que mantenga a tu audiencia cautiva desde el primer momento hasta el último aplauso.

Encontrar un porqué es la necesidad que se satisface en esta etapa para poder cautivar. Cautivar significa atraer o ganar la atención de alguien, pero, más importante, mantener la atención hasta el final. Al igual que la fidelidad de Julieta en la obra. Y para ello se necesitan motivos. ¿Cuáles son los motivos que se dan para influir positivamente?

Cautivar no es solo un arte, es una necesidad imperante en el mundo de la comunicación. Va más allá de simplemente atraer una mirada o un oído; se trata de mantener ese interés, de hacer que cada palabra resuene y perdure en la mente del oyente. Piensa en Julieta: su lealtad no fue el resultado de un capricho pasajero, sino de una conexión profunda y significativa.

Al igual que Julieta, tu audiencia busca razones para quedarse, para invertir su tiempo y atención en lo que tienes que decir. Pero ¿qué hace que un motivo sea verdaderamente influyente? No es suficiente con presentar una idea, sino que debe resonar y tocar una fibra emocional o intelectual en tu audiencia.

Entonces, mientras te preparas para hablar, reflexiona: ¿por qué deberían escucharte? ¿Qué ofreces que nadie más puede ofrecer? Vamos ahora a encontrar esos motivos y no solo cautivarás a tu audiencia, sino que también la inspirarás a actuar.

La mesa de la autoridad: cuatro pilares esenciales

Vayamos dos siglos atrás, a 1815. Sumérgete en la gran historia de Víctor Hugo.

Jean Valjean, con voz temblorosa, exclama: «¡Soy un miserable!». Su corazón, cargado de años de sufrimiento y resentimiento, finalmente se quiebra, liberando lágrimas que no había derramado en diecinueve años.

Valjean, un hombre que fue encarcelado por la simple acción de robar un pedazo de pan para alimentar a un ser querido, pasó casi dos décadas atrapado en la oscuridad de una celda. Al ser liberado, la sociedad lo rechaza, empujándolo de nuevo hacia el camino del delito. Sin embargo, el destino tenía otros planes. Tras ser sorprendido robando la platería del obispo, en lugar de ser denunciado, recibe un regalo inesperado: las mismas piezas que intentaba robar y una oportunidad de redención.

El obispo, con una mirada compasiva, le pide a Valjean que utilice esas piezas para convertirse en un hombre mejor. Valjean, conmovido hasta lo más profundo de su ser, decide renunciar al odio y la amargura que lo habían consumido durante años. Con el tiempo, no solo transforma su carácter, sino que también se eleva en la sociedad, convirtiéndose en un defensor de los desfavorecidos y un ejemplo de integridad.

Esta historia nos lleva al primer pilar de nuestra mesa.

El poder de tu historia: ¿por qué tú?

Al sumergirnos en la vida de Jean Valjean, no solo nos encontramos con un relato de redención, sino también con una lección sobre la autoridad que emana de la experiencia y la transformación personal. Su viaje, desde las sombrías celdas de una prisión hasta las luminosas salas de un empresario exitoso, nos muestra que la verdadera autoridad no se mide por títulos o reconocimientos, sino por las batallas superadas y las lecciones aprendidas.

Valjean, después de casi dos décadas en prisión, sin más que su determinación y un deseo ardiente de redimirse, logró elevarse hasta convertirse en un pilar de su comunidad. Su historia nos lleva a preguntarnos: ¿qué hace que alguien sea digno de ser escuchado? ¿Es acaso la adversidad superada, la compasión demostrada o la sabiduría adquirida?

Al comunicarnos, no basta con tener un mensaje; es esencial que nuestra audiencia comprenda quiénes somos y por qué merecemos su atención. Si bien es común que alguien más nos presente, enumerando nuestros logros y credenciales, la verdadera conexión se establece cuando compartimos nuestra esencia, nuestras luchas y triunfos, nuestros valores y convicciones.

Primer por qué: ¿por qué tú?

Cuando te encuentres frente a una audiencia, ya sea de una persona o de miles de ellas, hazte las siguientes preguntas:

- ¿Qué experiencias me han moldeado y me otorgan autoridad en este tema?
- ¿Cuáles son los valores que guían mi vida y mi discurso?
- ¿Por qué, entre todas las voces del mundo, deberían escuchar la mía?

Cada respuesta es un pilar que sostiene tu mensaje, dándole firmeza y resonancia. La historia de Valjean nos brinda una pista, pero recuerda que esta es solo una de las muchas patas que sostienen la mesa de tu comunicación.

Segundo por qué: ¿por qué ahora?

El reloj avanza inexorablemente. Cada tictac nos acerca más al precipicio del apocalipsis climático. Las advertencias de los expertos resuenan con urgencia: nos quedan pocos años antes de cruzar el punto de no retorno. Imagina un mundo donde las especies desaparecen, los océanos se acidifican y las sequías e inundaciones se vuelven el pan de cada día. ¿Cómo sería un mundo sin alimentos? Pero, en medio de esta visión sombría, aún brilla una chispa de esperanza. Aún hay tiempo para actuar.

Y aquí es donde entra la clave en cualquier comunicación: dejar claro por qué tu audiencia debe escuchar esto ahora. Cuando logras hacer evidente la relevancia y urgencia de lo que estás diciendo, capturas la atención y generas acción. Esto convierte tu discurso en algo más que información: lo convierte en una motivación poderosa para actuar.

Tercer por qué: ¿por qué es vital tu tema?

Este escenario, tan real y apremiante, nos recuerda la importancia de prestar atención a temas cruciales como el cambio climático. Pero, más allá de este ejemplo, hay una lección fundamental: para captar y mantener la atención de tu audiencia, debes responder a tres preguntas esenciales:

- ¿Por qué es vital tu tema?
- ¿Por qué debería importarle a tu audiencia?
- ¿Por qué deben escucharlo ahora?

Cuarto por qué: ¿por qué tu audiencia?

La respuesta a estas preguntas se encuentra en el impacto directo que tu mensaje tiene en la vida de las personas. Y para fortalecer ese impacto necesitas pilares sólidos: datos, estadísticas, historias y beneficios tangibles. Estos son los cimientos que sostienen tu mensaje y garantizan que tu audiencia permanezca atenta.

Pero ¿cómo asegurarte de que tu mensaje no solo sea escuchado, sino también creído? La respuesta está en la evidencia. Aquello que es indiscutible, que valida y respalda tus palabras, otorgándote autoridad y credibilidad.

De afirmaciones a certezas: transformando tus palabras en verdad

Existen seis tipos de evidencia que, como un faro en la oscuridad, guiarán a tu audiencia hacia la verdad de tu mensaje. Y, para recordarlos, te presento el acrónimo MEDITA. Acompáñame ahora mientras exploramos cada uno de ellos.

El poder de la evidencia visual: mostrar para creer

«Y aquí, ante ustedes, tengo un auténtico cerebro humano», anuncia Bolte,[38] provocando murmullos y risas nerviosas entre la audiencia. Con una serenidad palpable, se coloca unos guantes mientras alguien le acerca una bandeja con el mencionado órgano. Con firmeza, lo levanta para que todos puedan verlo. «Este es un cerebro humano real», reitera.

Mientras el público observa, fascinado y quizá un poco inquieto, Bolte comienza a señalar y describir sus partes, sosteniendo con delicadeza la espina dorsal que cuelga. A través de este objeto tangible, nos sumerge en su experiencia personal, narrando el derrame cerebral masivo que sufrió y cómo, mientras ocurría, pudo percibir cómo las funciones de su cerebro se desvanecían gradualmente —movimiento, velocidad, autoconciencia—. Es una narración poderosa, que gana en impacto gracias a la presencia del cerebro real.

La decisión de Bolte de mostrar ese cerebro no fue un simple truco. Fue una evidencia palpable que reforzó su autoridad en el tema y demostró su profundo conocimiento en neuroanatomía. Nos recordó la fragilidad y maravilla de este órgano que dicta nuestra existencia consciente, haciendo su charla inolvidable.

Pero no necesitas un cerebro real o una pata de elefante para mostrar la evidencia de que eres cazador de elefantes. Piensa en un experto en moda: su propia vestimenta es una evidencia de su conocimiento. O en el ámbito legal, donde la evidencia es crucial. Recordemos el caso de O.J. Simpson, uno de los juicios más mediáticos en la historia de Estados Unidos. Las pruebas físicas presentadas crearon controversia y un debate sobre su culpabilidad. La evidencia mostrada en ese juicio dividió a una nación y en la actualidad sigue siendo objeto de discusión.

Otro caso emblemático es el de Erin Brockovich, una madre soltera que, armada con pruebas contundentes como fotografías, registros médicos y análisis de agua, enfrentó a una poderosa corporación por contaminar el agua de una comunidad. Su tenacidad y las evidencias presentadas resultaron en una compensación millonaria para las víctimas.

Estos ejemplos, aunque dramáticos, subrayan la importancia de la evidencia en la persuasión. No subestimes el poder de mostrar algo concreto que respalde tus palabras.

Ahora, reflexiona: ¿qué puedes mostrar en tu presentación que fortalezca tu argumento? La evidencia visual puede ser el factor decisivo que haga que tu audiencia crea en ti. Y hablando de mostrar, hay otro tipo de evidencia que merece especial atención y es...

El peso de los números: estadísticas y datos

El eco de los disparos aún resonaba cuando el hombre armado, con una fría determinación, ordenó a los cristianos presentes que se pusieran de pie. «Porque eres cristiano vas a ver a Dios en un segundo»,[39] pronunció antes de apretar el gatillo. Aquel día, en Oregón, diez almas fueron arrebatadas y una nación entera quedó en *shock*. Otro tiroteo masivo, otra tragedia.

Obama, con un tono cargado de preocupación y frustración, había estado alertando anteriormente a la población de la importancia del tema: «Este tipo de tiroteos ocurren con demasiada frecuencia. En los últimos diez años, hemos tenido más de una docena de tiroteos masivos en nuestras escuelas y universidades».

Meses después del tiroteo, dio un dato alarmante sobre la magnitud de la violencia armada, que recorría el país por Aurora, Santa Bárbara, Charleston, San Bernardino y más. En un país muy sensible en esos momentos y donde es fácil tener armas, dijo: «Más de treinta mil personas mueren cada año en Estados Unidos debido a la violencia armada. Eso significa que cada vez que hay un tiroteo masivo es solo la punta del iceberg de un problema mucho mayor».

Estos números, fríos y desgarradores, otorgan autoridad y subrayan la gravedad del asunto. A pesar de la fuerte cultura proarmas en Estados Unidos, muchos ciudadanos respaldaron las propuestas de regulación de armas de Obama.[40]

David Wallace-Wells, por su parte, nos advierte sobre una amenaza global, el cambio climático: «Solo para el 2050 se estima que muchas de las grandes ciudades del sur de Asia y Medio Oriente estarán casi insoportablemente calientes en el verano. Estas son ciudades que ahora tienen diez, doce o quince millones de personas. Y en solo tres décadas no podrás caminar fuera sin arriesgarte a un golpe de calor o posiblemente la muerte... De hecho, la mitad de todas las emisiones que se han producido, desde la quema de combustibles fósiles, en toda la historia de la humanidad, se han producido solo en los últimos treinta años».[41]

Hay un dicho que me fascina: «La prueba está en el pudin». Una expresión que apareció hace unos cientos de años en la literatura inglesa. Expresión que hacía referencia a que el sabor del pudin solo se puede experimentar probándolo y no por su apariencia.[42] Nos recuerda que, a veces, la verdadera naturaleza o valor de algo solo se puede juzgar experimentándolo personalmente. En el contexto de la comunicación, los datos y estadísticas son ese pudin. Son la prueba tangible que respalda tus palabras, que da peso a tus argumentos y que, en última instancia, puede persuadir a tu audiencia.

Entonces, te pregunto: ¿qué datos y estadísticas puedes incorporar en tu discurso para darle más fuerza y credibilidad?, ¿cómo puedes invitar a tu audiencia a probar el pudin de tus ideas y ver su valor por sí mismos?

El poder de la demostración: ver para creer

En los pasillos silenciosos de una prestigiosa universidad, el conserje, con su uniforme desgastado, se detiene frente a una pizarra. No es una pizarra común; en ella se encuentra un enigma matemático que ha desafiado a los más brillantes durante años. Con un trozo de gis en mano, comienza a trazar líneas y números, interrumpiendo la compleja ecuación. Un profesor emérito, al verlo, grita con indignación, creyendo que el joven está arruinando un trabajo invaluable. Pero al acercarse a la pizarra su enojo se transforma en asombro. «¡Lo ha resuelto!», exclama otro académico, mientras que el conserje se daba a la fuga. La escena, tomada de la película *Good Will Hunting* (*Mente indomable* en México o *El indomable Will Hunting* en España), protagonizada por Matt Damon y Robin Williams, nos muestra a Will, el conserje, como un genio oculto en el lugar más inesperado.

Aristóteles, el gran filósofo, decía: «En el discurso, una cosa es el problema y otra, la demostración».[43] La demostración es esa chispa que ilumina y valida nuestro mensaje. Es la evidencia tangible que permite a nuestra audiencia visualizar, comprender y, finalmente, aceptar nuestras ideas. Sin una demostración efectiva, nuestras palabras pueden perder fuerza y convicción. Jamás hubieran creído en la inteligencia del conserje si el profesor emérito no lo hubiera visto resolviendo el problema.

Imagina por un momento que, en lugar de simplemente hablar sobre un concepto, pudieras mostrarlo en acción, demostrar su validez y su impacto. Esa es la magia de la demostración y es el puente que conecta la teoría con la realidad, que transforma el escepticismo en creencia. Es, en esencia, la manifestación práctica de nuestras palabras.

Si alguien te dijera que tu jefe ha resucitado de entre los muertos, ¿qué pensarías? Probablemente, al igual que santo Tomás, exigirías pruebas: «Si no veo en sus manos la señal de los clavos..., no creeré» (Juan 20, 25). Aunque confiemos en quien nos habla, a veces la demostración es tan crucial que se convierte en el núcleo de una presentación, como lo hizo Joe Smith.

Smith nos mostró cómo reducir el impacto ambiental simplemente cambiando la forma en que nos secamos las manos. Con una demostración en vivo, nos enseñó «El método»: lavarse las manos, sacudirlas doce veces, doblar una toallita y secarse. Con solo una toallita, las manos quedaban completamente secas. Y el impacto de este simple acto es monumental: «Una toalla por persona, por un año, son 571 230 000 libras de papel ahorrado».[44] Repito, cientos de miles de millones de kilos de papel ahorrado.

Pero las demostraciones no tienen que ser serias para ser efectivas. Vince Offer, con su producto Shamwow,[45] nos mostró que pueden ser divertidas y virales. En el 2006 decidió comercializar un producto de limpieza que vio en el mercado de pulgas. A través de infomerciales llenos de humor, mostró la eficiencia de su toalla absorbente en una variedad de situaciones. En sus vídeos cortos, él demostraba la efectividad del producto en varias superficies, desde limpiar un derrame hasta secar un perro. Servía tanto de tapete al salir del baño como para secar tu bote. Era gracioso. Y así continuaba demostrando en muy variadas situaciones el uso práctico del limpiador. Cada demostración reforzaba la promesa del producto y, al hacerlo, aumentaba su credibilidad y ventas.

Si un discurso no demuestra algo, no logrará su objetivo.[46] La demostración es una herramienta poderosa en la comunicación. Ya sea que estés presentando un producto innovador, como el iPhone de Steve Jobs, o compartiendo una idea revolucionaria, mostrar en lugar de simplemente decir puede ser la diferencia entre persuadir o no.

Goethe lo expresó perfectamente: «No basta saber, se debe también aplicar. No es suficiente querer, se debe también hacer». En el mundo de la comunicación, podríamos adaptar esto a «No es suficiente decir, se debe también demostrar». Porque, al final del día, las palabras pueden ser olvidadas, pero lo que vemos y experimentamos, eso permanece en nuestra memoria.

El poder de los incidentes: hechos que hablan por sí mismos

El año 2005 quedará grabado en la memoria de muchos como el año en que la naturaleza mostró su poderío de la forma más devastadora en Nueva Orleans. Katrina, un huracán que comenzó como una tormenta en el golfo de México, se convirtió en una bestia de categoría 5, arrasando con todo a su paso. A pesar de las advertencias, la magnitud de su destrucción tomó a todos por sorpresa. Las calles se transformaron en ríos, mientras las personas se refugiaban en los techos. El viento y la lluvia hicieron estragos, dejando tras de sí más de mil ochocientas vidas perdidas, un millón de desplazados y daños materiales que ascendieron a más de 125 000 millones de dólares. Lo que lo convierte en una de las tormentas más costosas en la historia de Estados Unidos.

Este incidente no solo evidencia la fuerza implacable de la naturaleza, sino también la urgencia de actuar frente al cambio climático.

Los incidentes, esos hechos reales e impactantes, sirven como poderosas evidencias que refuerzan la relevancia y urgencia de un tema actual, porque podemos cambiar el curso de esta historia. Estos son relatos que capturan la atención, generan empatía y, sobre todo, dejan una huella imborrable en la mente de la audiencia.

Tomemos, por ejemplo, el tema del *mindfulness:* el arte de vivir conscientemente.[47] Si mencionas que tu salón de *mindfulness* fue inaugurado por Jon Kabat-Zinn, de inmediato te otorgas autoridad y credibilidad. Kabat-Zinn es mundialmente reconocido por su contribución al *mindfulness* y la meditación. Su mención no es solo un hecho, es una evidencia que le da autoridad y credibilidad a tu tema.

Los incidentes y hechos son herramientas poderosas en la comunicación. No solo respaldan tus palabras, sino que también crean una conexión emocional con tu audiencia. Al presentar hechos reales, estás mostrando la importancia y urgencia de tu mensaje. Porque, al final del día, las historias reales tienen un impacto que las palabras solas no pueden lograr. Es por ello por lo que, al comunicar, es esencial recordar: no se trata solo de lo que dices, sino también de cómo lo respaldas con hechos e incidentes reales.

El poder de los testimonios: voces que resuenan

A veces, las palabras más simples esconden las historias más poderosas. «Gracias», dijo un hombre a pesar de estar al borde de la muerte.

Esta es una historia real, la de un hombre, rescatado de las garras de la muerte, medio comido por los gusanos, pero que, en sus últimos momentos, encuentra la fuerza para sonreír y agradecer. La madre Teresa de Calcuta compartió esta conmovedora historia no solo como una anécdota, sino como una poderosa evidencia del espíritu humano y del impacto transformador del amor y la compasión. Ella comenta:

> Como ese otro hombre a quien recogimos del desagüe, medio comido por gusanos, y al que llevamos a casa. «He vivido como un animal en la calle, pero voy a morir como un ángel, amado y cuidado». Y fue maravilloso ver la grandeza de aquel hombre que podía hablar así, que podía morir así, sin culpar a nadie, sin maldecir a nadie, sin compararse con nadie. Como un ángel, esta es la grandeza de nuestra gente. Y es por eso por lo que creemos lo que Jesús había dicho: «Yo tuve hambre, estaba desnudo, estaba en la calle —no fui deseado, no fui amado, nadie se ocupó de mí— y a mí me lo hicisteis».[48]

Los testimonios, ya sean de clientes satisfechos, de personas transformadas por una experiencia o de aquellos que han sido testigos de un milagro, tienen el poder de validar y reforzar un mensaje. Son pruebas vivientes de lo que decimos y su autenticidad y sinceridad pueden ser más persuasivas que cualquier argumento lógico.

Por ejemplo, si estás promocionando un producto o servicio, un testimonio genuino de un cliente satisfecho puede ser más efectivo que cualquier lista de características o beneficios. Si estás dando una charla sobre superación personal, compartir tu propia historia o la de alguien más puede inspirar y motivar a tu audiencia de una manera que los datos y las estadísticas, a veces, no pueden.

En resumen, los testimonios son historias reales que dan vida a tu mensaje, lo humanizan y lo hacen relatable. Son voces que resuenan, que conectan y que tienen el poder de cambiar mentes y corazones. Así que, al planificar tu próxima charla o presentación, pregúntate: ¿qué historias puedo compartir?, ¿qué voces pueden dar testimonio de mi mensaje? Porque, al final del día, son estas historias las que se quedan con nosotros, las que nos mueven y las que nos inspiran a actuar.

Analogía

Imagina abrir una caja de chocolates, cada trozo esconde un sabor, una sorpresa. Así describía Forrest Gump, ese entrañable hombre de Alabama, la esencia de la vida. A pesar de sus desafíos físicos e intelectuales, Forrest tenía una claridad sorprendente, heredada de las sabias palabras de su madre. Ella, con la sencillez de una madre amorosa y la profundidad de un filósofo, le enseñó que, al igual que una caja de chocolates, la vida está llena de misterios y sorpresas. Nunca sabes qué sabor te tocará ni qué giros tomará tu destino. Esa es la magia de la analogía.

Las analogías son como puentes que conectan mundos aparentemente dispares, permitiéndonos ver las similitudes ocultas entre ellos. Son herramientas poderosas que nos ayudan a entender conceptos complejos a través de comparaciones simples y familiares. Al relacionar la vida con una caja de chocolates, la madre de Forrest nos ofrece una perspectiva fresca y accesible sobre la incertidumbre y la belleza de la existencia.

El gran poeta y ensayista Octavio Paz[49] lo expresó de manera elocuente: la analogía es la ciencia de las correspondencias, un juego de equilibrios entre lo similar y lo diferente. No busca eliminar las diferencias, sino celebrarlas, creando conexiones entre conceptos que, a primera vista, parecen opuestos. Es un puente que, en lugar de acortar distancias, nos invita a explorarlas, a encontrar el significado en medio de la diversidad.

Vamos a adentrarnos un poco más en el fascinante mundo de las analogías, esas comparaciones que, como puentes, conectan dos orillas de pensamiento. Cuando decimos «esto es como aquello», estamos tendiendo un lazo entre dos conceptos, invitando a quien nos escucha a cruzar de un lado al otro, a descubrir similitudes en medio de las diferencias.

Piensa en Aristóteles, el gran filósofo griego. Él nos advirtió sobre los peligros de confiar cargos políticos al azar del sorteo con una analogía que resuena aún hoy: «No se deben asignar los cargos por sorteo, sería como si eligiéramos a los atletas no por su habilidad, sino por la suerte del sorteo».[50] Es como si enviáramos a un Mundial de Fútbol a jugadores seleccionados al azar. ¿Esperaríamos victorias? De ninguna manera. De igual forma, en la política y la gestión de un país, no podemos dejar las decisiones en manos del azar. Necesitamos líderes capacitados, preparados, que sepan guiar el rumbo de una nación.

O considera la revolución tecnológica. Al decir «así como el arado transformó la agricultura, la tecnología está redefiniendo nuestro mundo», estamos trazando una línea entre el pasado y el presente, mostrando cómo la innovación siempre ha sido el motor de cambio. Si en el pasado cambiamos la pala por el arado para mejorar la cosecha, ahora es el momento de abrazar la tecnología para potenciar nuestra productividad. Se trata de dejar atrás las herramientas obsoletas y mirar hacia el futuro.

Las analogías, como la inolvidable caja de chocolates de Forrest, tienen el poder de hacer que ideas complejas sean comprensibles y cercanas. Son puentes que nos llevan a la esencia de un mensaje, mostrándonos la familiaridad en lo desconocido. Nos retan a pensar, a conectar puntos, a ver el mundo con nuevos ojos.

Entonces, ¿qué analogías podrías usar para iluminar tus ideas y conectar con tu audiencia?

Mantener la atención de las personas del inicio hasta el final es todo un reto. A esto lo llamamos cautivar. Al seguir estas estrategias, te aseguras de que tu audiencia se mantenga comprometida, pues explicas por qué tienen que escucharte a ti y a tu tema en ese momento. Así como esa conexión inquebrantable entre Romeo y Julieta, ese magnetismo que los mantiene juntos es lo que buscamos al comunicarnos: cautivar.

Ahora, piensa en una mesa robusta y firme. No se tambalea ni se inclina porque tiene cuatro patas sólidas que la sostienen. De la misma manera, para que nuestra comunicación sea efectiva y mantenga a la audiencia enganchada, necesita cuatro pilares fundamentales: el por qué tú, el por qué ahora, el por qué tu tema y el por qué esa audiencia. Estos son los cimientos que garantizan que tu mensaje no solo sea escuchado, sino también recordado.

Pero ¿cómo construimos esos pilares? Aquí es donde entra en juego la evidencia, ese conjunto de herramientas que nos ayudan a fortalecer y validar nuestro mensaje. Y si necesitas un recordatorio, piensa en el acrónimo **medita:** muestra, estadísticas y datos, demostraciones, incidentes, testimonios y, por supuesto, analogías. Cada uno de estos elementos es como un ladrillo que añades a la estructura de tu comunicación. Y mientras más ladrillos añadas, más sólido será el edificio que construyas. Pero, al final del día, todo se reduce a una cosa: la creencia. Necesitan creer en lo que decimos y en quién lo dice. Si no confías en tu médico, ¿seguirías su tratamiento? Si no crees que un problema es serio, ¿le prestarías atención?

Te dejo un par de líneas para que anotes las principales ideas que has sacado de este capítulo:

....

....

....

....

....

ACTO CENTRAL CONSTRUYENDO LA CONEXIÓN

3.
Persuasión

«¿Acaso no soy una mujer?». Con estas palabras, Sojourner Truth, una valiente defensora de los derechos de las mujeres y de la igualdad racial, dejó una marca indeleble en la historia del feminismo negro. Su poderoso discurso no solo resaltó la lucha de una mujer negra en una sociedad dominada por hombres blancos, sino que también demostró el poder inquebrantable de la persuasión. A través de su pasión y elocuencia, Truth convenció a muchos de la importancia de la igualdad de género y racial y su legado sigue vivo hoy en día, ciento setenta años después.

La persuasión no es solo el dominio de grandes oradores o líderes revolucionarios; es también una herramienta que todos usamos, a menudo sin darnos cuenta, en nuestra vida diaria. Ya sea convenciendo a un amigo de probar un nuevo restaurante, negociando un aumento de sueldo o, simplemente, eligiendo una película para ver en familia, la persuasión está en el corazón de la comunicación humana.

Pero ¿qué hace que algunas personas sean más persuasivas que otras? ¿Cómo podemos aprender a comunicarnos de manera más efectiva y convincente? La respuesta se encuentra en los principios fundamentales de la persuasión.

P-E-R-S-U-A-S-I-Ó-N. Diez principios esenciales que te guiarán en el arte de convencer

La persuasión es tanto un arte como una ciencia y, al igual que cualquier habilidad, puede ser aprendida y perfeccionada. A lo largo de este libro, exploraremos los diez principios fundamentales de la persuasión, representados por el acrónimo **persuasión.** Estos principios no solo te ayudarán a ser un comunicador más efectivo, sino que también te permitirán influir positivamente en aquellos que te rodean.

Desde tiempos inmemoriales, grandes pensadores como Aristóteles han reflexionado sobre los pilares de la persuasión. Y aunque las técnicas y tácticas pueden haber evolucionado con el tiempo, los principios subyacentes siguen siendo los mismos. Al comprender y aplicar estos principios, puedes activar diferentes áreas del cerebro humano, desde el instintivo cerebro reptiliano hasta el lógico cerebro neocortical.

Así que ¿estás listo para embarcarte en este viaje de descubrimiento a la persuasión? Descubramos los principios detrás de la persuasión y aprendamos a comunicarnos de manera que no solo se escuche nuestra voz, sino que también resuene en el corazón y la mente de los demás. ¡Comencemos!

1. Precedente. El poder del pasado en nuestras decisiones

La tragedia de los Andes es una de las historias más conmovedoras y aterradoras del siglo pasado. Un avión que, debido a un error del piloto, comenzó a bajar mucho antes, cuando no había pasado los picos de la cordillera. La nave colisionó con la cima de una montaña, perdiendo sus alas, su cola y parte del fuselaje, dejando a sus pasajeros en una situación desesperada. Atrapados en la inmensidad blanca de los Andes, estos sobrevivientes enfrentaron decisiones que la mayoría de nosotros no podemos ni imaginar.

¿Qué los llevó a tomar esas decisiones? La respuesta no es sencilla, ya que hubo muchos factores en juego: el instinto de supervivencia, la desesperación, la solidaridad y el ingenio, por nombrar algunos. Sin embargo, uno de los factores más poderosos fue el precedente. Al observar lo que otros habían hecho en situaciones extremas, estos sobrevivientes encontraron una guía, un punto de referencia que les ayudó a tomar decisiones cruciales.

El precedente no es, ni mucho menos, el único factor que influye en nuestras decisiones en situaciones extremas, pero, en este caso, sirvió como un ancla en medio del caos. Al ejemplificar cómo el conocimiento de acciones pasadas puede orientar nuestras propias elecciones, la historia de los Andes nos muestra que incluso en los momentos más oscuros podemos encontrar luz en las experiencias de quienes nos precedieron.

El precedente actúa como **el espejo retrovisor de la persuasión.** Nos permite mirar hacia atrás y aprender de nuestras experiencias pasadas. Los sobrevivientes de los Andes, al darse cuenta de que las posibilidades de ser rescatados eran mínimas, decidieron tomar el asunto en sus propias manos. Basándose en lo que sabían y en lo que veían, tomaron decisiones que, aunque difíciles, les salvaron la vida.

Lo primero que decidieron hacer fueron excursiones a misiones de búsqueda de ayuda. Pero no fue fácil, pues vieron que se estaban debilitando y morían. Era un precedente más para la siguiente terrible decisión que salvaría sus vidas: comer la carne de los cadáveres.[51]

Esta historia, aunque extrema, ilustra un principio fundamental de la persuasión: las personas toman decisiones basadas en experiencias y conocimientos previos. Si un niño se quema al tocar una estufa caliente, aprenderá a ser más cuidadoso en el futuro. Si un empresario ve que una estrategia ha funcionado en el pasado, es probable que la vuelva a usar.

Los supervivientes pasaron días de agonía y de pérdidas. Sin embargo, con estas dos decisiones sobrevivieron. Después de días haciendo excursiones, lograron ver a dos arrieros. Uno de ellos salvaría sus vidas. Fue el chileno Sergio Hilario Catalán, de cuarenta y tres años, a quien le gritaban del otro lado del río. Y, como no los escuchaba, Catalán les arrojó una botella con papel y lápiz. Al leer lo que había ocurrido, cabalgó casi cien kilómetros para que fueran rescatados.

Entonces, ¿cómo podemos aplicar este principio en nuestra vida diaria?

- **Referencia a experiencias pasadas.** En una negociación, alude a situaciones anteriores en las que se han logrado acuerdos beneficiosos. Estos ejemplos actúan como precedentes que pueden influir en la decisión actual.
- **Testimonios y casos de éxito.** Si ofreces un producto o servicio, presenta testimonios de clientes satisfechos o ejemplos de cómo tu producto ha beneficiado a otros. Estos actúan como evidencia de que lo que ofreces funciona.
- **Historias de éxito personal.** Si eres un profesional, comparte historias sobre cómo tus ideas o estrategias han beneficiado a otros en el pasado. Estas historias actúan como precedentes que pueden persuadir a otros de seguir tu consejo.

En resumen, el precedente es una herramienta poderosa en el arte de la persuasión. Nos permite aprender de nuestras experiencias pasadas y usar ese conocimiento para influir en nuestras decisiones futuras o las decisiones de tu audiencia. Al reconocer y aprovechar este principio, podemos comunicarnos de manera más efectiva y persuasiva.

2. Escasez. El reloj de arena de la persuasión

En una tienda de antigüedades, un solitario reloj de arena se alza en una esquina, casi oculto entre otros tesoros olvidados. Aunque su presencia puede parecer discreta, sus gránulos de arena, deslizándose de manera inexorable, susurran una verdad universal: el tiempo es finito. Esta inevitable realidad, este miedo a lo que se nos escapa entre los dedos, es la esencia de la escasez. Una fuerza tan poderosa que puede transformar nuestra percepción y empujarnos hacia decisiones impulsivas, decisiones que, bajo otras circunstancias, quizá nunca tomaríamos.

Tomemos el ejemplo del *Pumpkin Spice*. Hace unos días me llegó un mensaje de Starbucks a mi teléfono: «¡El clásico *Pumpkin Spice* llega para ti! ¡La bebida más esperada del año está de vuelta!». Un eco de Starbucks anunciando la reencarnación de una bebida que trasciende el sabor. Algo así como una oportunidad para sumergirse en los sabores del otoño, para revivir recuerdos y crear nuevos. Y todo esto se potencia por la sensación de que, si no actúas ahora, te perderás algo especial. El *Pumpkin Spice* no es simplemente una bebida, es una experiencia, un portal hacia los abrazos del otoño, un recuerdo que vuelve a la vida con cada sorbo. Pero lo que realmente aviva nuestra necesidad de tenerlo no es solo su sabor, sino el temor a perderlo. Su disponibilidad limitada la envuelve en un manto de misterio y deseo.

Como decía el mensaje: «No es simplemente un café; es un elixir efímero del otoño, que nos seduce con promesas de nostalgia y celebraciones pasajeras». Tal es el poder de la escasez, un hechizo que nos recuerda que lo que es raro es valioso. Y que lo que es efímero es profundamente codiciado. La limitación de tiempo crea un aura de exclusividad alrededor de la bebida, convirtiéndola en algo más que un simple café. Lo cual crea una sensación de urgencia y escasez y hace que se vea como una experiencia única y quieran probarla antes de que se agote. Vinculan a esto la emoción y lo unen con el otoño, que evoca sentimientos de calidez, nostalgia y celebración. Esto es la influencia por escasez de tiempo.

No solo en el mundo de las bebidas encontramos este juego de escasez. Piensa en el conocido *happy hour,* ese breve pero tentador intervalo donde las bebidas se sirven a precios reducidos. O considera las aerolíneas que lanzan ofertas fugaces, promocionando billetes a precios insuperables, solo disponibles por un breve lapso. Sin olvidar eventos como el Buen Fin en México, donde cada oferta parece una carrera contrarreloj. Todas estas estrategias comerciales juegan con un mismo as bajo la manga: la escasez temporal.

El poder de esta táctica radica en nuestra percepción del valor. Instintivamente, tendemos a apreciar más aquello que percibimos como limitado o efímero. Sin embargo, la escasez no se limita únicamente al factor tiempo.

Regreso al futuro y la magia de las Nike Air Mags

Corría el año 1989 cuando el mundo vio a Marty McFly, en *Regreso al futuro,* llevando unas deportivas que parecían sacadas de un sueño: las Nike Air Mags. Estas zapatillas, con su iluminación y su sistema de cordones autoajustables, eran el símbolo de la innovación y la fantasía. Aunque, en ese entonces, la magia detrás de esas zapatillas era simplemente una batería externa, el deseo de poseerlas se arraigó en el corazón de muchos.

El sueño se volvió realidad en el 2011 cuando Tinker Hatfield, el renombrado diseñador, recreó estas icónicas zapatillas y lanzó una edición extremadamente limitada al mercado. Solo se produjeron 1510 pares. Y, como si eso no fuera suficiente, en el 2016 la cifra se redujo a tan solo 89 pares. Estas Nike Mags, directamente relacionadas con la nostalgia de *Regreso al futuro,* se convirtieron en un objeto de deseo. Con tan pocos pares disponibles, su valor se disparó, llegando a costar más de diez mil dólares el par en el mercado secundario.

Por otro lado, recordemos a Turboman, el juguete que todos los niños quieren en la película *Un padre en apuros.* En ella, el personaje principal, interpretado por el exgobernador de California Arnold Schwarzenegger, se embarca en una frenética búsqueda de este juguete agotado, enfrentándose a situaciones insólitas y cómicas, todo por la influencia de la escasez.

La escasez no solo afecta nuestra percepción sobre productos coleccionables o ediciones limitadas. Si eres un *coach,* por ejemplo, y tus clientes deben esperar meses para una cita contigo, ese tiempo de espera puede aumentar tu valor percibido. La clave está en cómo comunicar esa escasez.

Al comunicar, ya sea en historias, presentaciones, elogios o ventas, es esencial introducir el elemento de unicidad o temporalidad. Hacer sentir que algo es único o que su disponibilidad es limitada crea un sentido de urgencia, impulsando a las personas a actuar. Un ejemplo conmovedor es el de personas a quienes se les ha dado un diagnóstico médico desalentador. Y al verse en deterioro de su salud, si no toman medidas, se motivan a cambiar radicalmente sus hábitos y, contra todo pronóstico, mejorar su salud.

Entonces, reflexiona: ¿qué hay en tu vida o negocio que sea verdaderamente escaso? ¿Cómo puedes comunicar esa escasez de manera que motive a otros a actuar?

3. Reciprocidad

«Si dices mi nombre, ya no existo más, ¿quién soy?». Esta enigmática frase, que es un acertijo, se convierte en un salvavidas en uno de los momentos más oscuros de la película italiana *La vida es bella*.

En un campo de concentración nazi, los prisioneros, hambrientos y casi desnudos, se alinean en una fila desesperanzadora. Son revisados meticulosamente por un médico alemán que, con una simple mirada, decide su destino: vivir o morir. Descartando a los cuerpos inútiles, avanzaba como un fuego que arrebata lo que se encuentra.

Guido, uno de los reclusos, espera su turno con una mirada impávida, mirando al médico, a quien había conocido anteriormente. Cuando llega su momento, el médico examina sus ojos y su cuerpo y parece que el veredicto no será favorable para él. Sin embargo, en un acto de valentía, Guido rompe el silencio y le dice al médico: «Si dices mi nombre, ya no existo más..., ¿quién soy? El silencio». Este acertijo capta la atención del médico, un amante de los enigmas. El médico recuerda un encuentro anterior con Guido, cuando este era camarero en El Gran Hotel, y trae a su mente un momento memorable que Guido le hizo pasar. En ese momento, Guido había tratado al médico con amabilidad y le había presentado el mismo acertijo, dejando una impresión duradera. Movido por la reciprocidad, el médico decide ayudar a Guido, devolviendo el favor que recibió en el pasado. Guido había conseguido sobrevivir... por el momento.

Este acto de bondad en medio de la adversidad es un testimonio del poder de la reciprocidad. Aunque las circunstancias eran extremadamente difíciles, un simple acto de amabilidad en el pasado llevó a un acto de compasión en el presente. Y esta sensación de deber hacia los demás, de reconocer una deuda que va más allá de lo material o cómo te han hecho sentir, no es exclusiva de una cultura o período. La historia nos muestra cómo sociedades enteras han dado testimonio de esta fuerza intrínseca.

Desde el Japón del siglo XVII,[52] cuando las deudas monetarias eran comunes, surgió una palabra: *sumimasen*. Originalmente, significaba estar en deuda financiera, pero, con el tiempo, su significado se transformó. Ahora, cuando alguien dice *sumimasen,* no está hablando de dinero, sino de una disculpa o agradecimiento, reflejando una deuda emocional y social. Y es ese sentimiento mismo al que alude el sentimiento de reciprocidad.

¿Por qué alguien daría algo que realmente necesita? Un antiguo refrán lo dice claramente: favor con favor se paga. Esta idea de reciprocidad se vio ejemplificada en la relación entre México y Etiopía.[53] En 1985, México sufrió un devastador terremoto. Recuerdo que los que teníamos familiares allí estábamos pegados a la televisión. Y muchos mirábamos la lista de fallecidos, esperando no ver ahí a nuestros familiares. Por desgracia, estábamos incomunicados, solo teníamos la televisión para averiguar algo más.

A pesar de las propias adversidades económicas de Etiopía, con una economía devastada, este país donó 5000 dólares a México. ¿La razón? Medio siglo antes, en 1935, México había ayudado a Etiopía cuando fue invadida por Italia. A pesar de las dificultades, la deuda de gratitud perduró.

La reciprocidad se manifiesta de innumerables maneras en nuestra vida diaria: desde invitar a cenar esperando ser invitado en el futuro hasta dar caramelos en restaurantes con la esperanza de recibir una propina más generosa. Es una herramienta poderosa en la comunicación y la persuasión.

La reciprocidad es como ese eco. Lo que damos al mundo, ya sea una sonrisa, un elogio sincero o un acto de generosidad, tiene la tendencia a volver a nosotros y a veces de manera multiplicada. Es una lección sobre la importancia de influir positivamente en los demás y cómo, al hacerlo, también nos beneficiamos.

La reciprocidad en el hablar en público se puede utilizar de manera efectiva compartiendo conocimientos valiosos, ofreciendo recursos gratuitos, mostrando gratitud y reconocimiento, personalizando interacciones y terminando con ofertas exclusivas. Por ejemplo, al inicio de una charla, puedes compartir una técnica útil que la audiencia pueda implementar de inmediato, lo que crea un sentido de deuda y hace que estén más dispuestos a escuchar y valorar tus siguientes puntos. Este acto de generosidad establece una relación de confianza y apertura, aumentando la receptividad y el compromiso de tu audiencia.

Entonces, ¿cómo puedes usar la ley de la reciprocidad para influir positivamente en tu comunicación y relaciones?

4. Simple y concreto

En medio del fragor de la batalla, donde 75 000 soldados confederados se enfrentaron valientemente a 88 000 soldados de la Unión, se escribió una página sangrienta en la historia. Con más de 6000 almas perdidas y 45 000 heridos, el terreno se convirtió en un cementerio nacional. Y en ese lugar resonó la voz de Abraham Lincoln, pronunciando un discurso que, a pesar de su brevedad, se grabaría en los anales de la historia. ¿Su secreto? La simplicidad y concreción en un momento crucial. Palabras directas que llegaron al corazón de todos, al igual que las inspiradoras frases de Mahatma Gandhi, que se difundieron como un eco de paz y justicia.

Pero no fue solo Lincoln quien entendió el poder de lo simple. Winston Churchill, el líder británico, con su carisma y determinación, levantó el espíritu de una nación con discursos que eran la esencia de la claridad. En uno de los momentos más sombríos de la guerra, Churchill, con la pasión que lo caracterizaba, proclamó: «Lucharemos en las playas, lucharemos en los campos de aterrizaje, lucharemos en los campos y en las calles, lucharemos en las colinas; nunca nos rendiremos».[54] Palabras sencillas, pero cargadas de significado, que transmitieron un mensaje claro: el Reino Unido resistiría hasta el final.

La magia de la sencillez en la comunicación

«Hazlo o no lo hagas, no hay intentos». Esta frase, pronunciada por el sabio Yoda en *Star Wars,* encapsula una filosofía profunda en pocas palabras. No es simplemente un consejo para Luke Skywalker, sino una lección sobre la importancia de la decisión y el compromiso. Comprometerse por completo o no hacerlo en absoluto. Es el equivalente galáctico al *«Just do it»* de Nike.

Menos es más. Si alguna vez te has preguntado por qué recordamos a los tres Reyes Magos, los tres mosqueteros o los tres puntos clave del discurso de Steve Jobs en Stanford es porque el número 3 tiene un encanto especial. Es memorable. Pero más allá del número, la esencia es que al simplificar y reducir nuestras ideas las hacemos más impactantes.

El poder de las metáforas. «El león no se preocupa por la opinión de las ovejas». Esta metáfora es una joya de la comunicación. En pocas palabras, nos dice que no necesitamos buscar aprobación externa cuando confiamos en nosotros mismos. Las metáforas tienen el poder de simplificar conceptos complejos y hacerlos accesibles.

Claridad sobre la jerga. Cuando John F. Kennedy anunció la misión lunar, dijo: «Vamos a mandar un hombre a la Luna y que regrese sano y salvo antes del final de la década». No se perdió en tecnicismos ni en lenguaje corporativo. Imagínate que Kennedy hubiera dicho lo siguiente en vez de lo anterior:[55] «Nuestra misión es convertirnos en líderes internacionales de la industria espacial mediante la máxima innovación centrada en el trabajo en equipo e iniciativas aeroespaciales selecciona-das estratégicamente». El hombre en la Luna es más sencillo y memorable. Su mensaje fue claro, directo y, lo más importante, memorable. Imagina si hubiera dicho algo complicado y lleno de jerga, el efecto no habría sido lo mismo. La sencillez y concreción son la clave para que un mensaje resuene y perdure.

Así que, la próxima vez que quieras comunicar algo, pregún-tate: ¿cómo puedo hacerlo más sencillo y concreto? Porque en la simplicidad a menudo encontramos la verdadera genialidad.

5. Unanimidad (prueba social)

En el corazón de la pandemia, un centro comercial en Tucson se convirtió en el escenario de un enigma que pronto me sería revelado. Mientras caminaba, un murmullo distante se convirtió en un imán para mi curiosidad. Era una fila enorme de personas que salía de una tienda. Al acercarme más, esa fila interminable de personas se desplegaba ante mí, como si estuvieran esperando un espectáculo o la revelación de un secreto.

Me adentré más, siguiendo a esa serpiente humana, esperando descubrir el tesoro al final. Pero lo que encontré fue una tienda de bolsas de lujo, casi vacía, como si guardara un misterio en su interior. Me acerqué a una de las personas en la fila y le pregunté de qué se trataba, su respuesta fue: «No tengo ni idea, pero quiero entrar para ver de qué se trata».

Esa fuerza invisible, ese deseo de ser parte de algo, aunque no sepamos qué, es la esencia de la prueba social. No es solo una estrategia de *marketing* o una imagen en un anuncio, sino que es un llamado profundo, una voz que nos dice que hay algo más allá, esperando a ser descubierto. Y, aunque a veces nos lleve por caminos inesperados, también nos recuerda que somos seres curiosos, siempre en busca de respuestas.

¿Qué misterio se esconde detrás de una simple fila? La unanimidad, o prueba social, es un potente influenciador del comportamiento humano. Al observar a otros tomar una decisión, nuestro cerebro tiende a pensar que debe ser la opción adecuada, respaldada por la aprobación colectiva. Es la razón por la cual los anuncios publicitarios nos muestran multitudes disfrutando de un producto: nos envían el mensaje subliminal de que si tantos lo eligen seguramente es una opción confiable y deseable.

Pero la prueba social va más allá de simplemente guiarnos en nuestras elecciones de consumo. También puede actuar como catalizador para que aspiremos a ser la mejor versión de nosotros mismos, motivándonos a mejorar y a superar nuestros propios límites.

Pero ¿cómo podemos sacar nuestra mejor versión?

En una fría mañana del 6 de mayo de 1954, el aire estaba cargado de expectación. Roger Bannister, desafiando todas las expectativas, hizo lo que todos decían que era imposible. Estudios científicos decían que el cuerpo humano no estaba preparado para lo que iba a hacer. Bannister, desafiando a la ciencia, corrió una milla en menos de cuatro minutos. El mundo se quedó boquiabierto. Pero lo que sucedió después fue aún más asombroso.

Como si un hechizo se hubiera roto, otros corredores comenzaron a romper esa barrera, una tras otra. Al final de 1957, ya había dieciséis corredores que lo habían logrado. ¿Había desbloqueado Bannister un misterio oculto del potencial humano?

Este fenómeno no es solo sobre romper récords. Es una manifestación del poder de la prueba social. Cuando vemos a alguien lograr lo que se considera imposible, cambia nuestra percepción de lo que es posible para nosotros mismos. Es como si un velo se levantara, revelando un mundo de posibilidades.

El renombrado psicólogo Robert Cialdini nos dice que la prueba social se basa en varios pilares: incertidumbre, semejanza, pericia y número. ¿Alguna vez te has preguntado por qué actúas de cierta manera en situaciones desconocidas o por qué confías en la opinión de ciertas personas más que en otras? Estos pilares te darán la respuesta.

Incertidumbre. Cuando nos encontramos en situaciones desconocidas o inciertas, tendemos a observar y seguir lo que otros están haciendo. Imagina que llegas a una fiesta donde no conoces a nadie y ves que la mayoría de las personas se están quitando los zapatos antes de entrar. Tú decides hacer lo mismo, aunque nadie te lo haya indicado.

Semejanza. Somos más propensos a seguir el comportamiento de aquellos con quienes nos identificamos o consideramos similares a nosotros. Si estás considerando unirte a un club de lectura y ves que los miembros son de tu misma edad y tienen intereses similares, es más probable que te sientas inclinado a unirte.

Pericia. Damos más peso a las opiniones y acciones de aquellos que consideramos expertos o más conocedores en un tema específico. Si estás buscando comprar una nueva cámara y un fotógrafo profesional te recomienda un modelo específico, es probable que consideres seriamente su sugerencia.

Número. Cuantas más personas adopten una idea o comportamiento, más nos sentimos inclinados a seguirlo. Es la idea de que «la mayoría no puede estar equivocada». Si estás en una ciudad desconocida y ves dos restaurantes, uno vacío y otro lleno, es probable que elijas el restaurante lleno, pensando que la comida debe de ser buena, ya que tiene muchos clientes. Un ejemplo conmovedor es el de los niños con fobias. Piensa en un niño, temblando de miedo ante un perro. Pero luego ve a otros niños, riendo y jugando con ese mismo perro. Poco a poco, su miedo se desvanece, reemplazado por la curiosidad y el deseo de unirse a ellos.

La prueba social no es solo una herramienta de persuasión. Es un recordatorio de que estamos conectados, de que nuestras acciones y logros pueden inspirar y cambiar la percepción de otros. En cada comunicación, en cada historia, hay una oportunidad para influir y mostrar que lo imposible puede ser posible.

6. Asociación. El secreto navideño de Coca-Cola

Era una fría noche de diciembre y las luces de la ciudad parpadeaban con anticipación. El rumor había circulado por toda la ciudad: el desfile de Navidad estaba a punto de llegar. Y si algo había aprendido a lo largo de los años, es que cuando una multitud habla tanto, hay magia en el aire.

Me encontré entre un mar de rostros expectantes, todos esperando el desfile. Y entonces, como un susurro que se convierte en un rugido, la música navideña comenzó a resonar. Carros alegóricos, luces brillantes, música y danza llenaron las calles. Pero en medio de todo ese espectáculo un personaje se destacó: Santa Claus. Y me hice una pregunta intrigante: ¿era Santa quien llevaba el espíritu de Coca-Cola o era Coca-Cola quien se había vestido con la magia de Santa?

Aunque muchos creen que Coca-Cola inventó a Santa, la realidad es un poco diferente. En 1931, Haddon Sundblom, un talentoso ilustrador, reinventó a Santa Claus, dándole ese aire jovial y carismático que todos conocemos y amamos. Coca-Cola vio una oportunidad y la aprovechó, integrando a este alegre Santa en su campaña de *marketing*.

¿El truco detrás de todo esto? **Persuasión por asociación.** Coca-Cola entendió el poder de asociar su marca con algo tan querido y universal como Santa Claus. Esta estrategia les permitió transmitir felicidad, alegría y momentos especiales, creando un efecto halo en torno a su producto.

¿Cómo podemos aplicar esta estrategia en nuestra comunicación? La respuesta es simple: **asociación.** Al igual que Coca-Cola, debemos identificar valores y creencias que resuenen con nuestra audiencia. Por ejemplo, si hablamos de medioambiente, podemos evocar figuras como Leonardo DiCaprio, conocido por su activismo ambiental. Esta asociación inmediatamente otorga credibilidad y conexión emocional.

En el mundo de la comunicación, la asociación es una herramienta poderosa. Ya sea a través de analogías, ejemplos o lenguaje, podemos influir en la percepción de nuestra audiencia. Después de todo, una imagen, una cita o incluso una simple sonrisa pueden cambiar la forma en que el público ve un producto o una idea.

Pero ¿cómo se ve esto en la práctica? ¿Cómo podemos, como oradores, aprovechar este principio para captar la atención y el corazón de nuestra audiencia? Prepárate, porque lo que viene a continuación son ejemplos concretos que te mostrarán cómo la magia de la asociación puede elevar tu discurso a nuevas alturas. Veamos...

Iconos culturales. Si estás hablando sobre innovación, podrías mencionar a figuras como Steve Jobs o Elon Musk. Al asociar tu mensaje con estos iconos, automáticamente le das un peso y una relevancia adicionales.

Citas relevantes. Al citar a figuras respetadas en tu campo o en la temática de tu charla, estás asociando sus palabras y su autoridad con tu mensaje. Por ejemplo, si estás hablando sobre liderazgo, una cita de Nelson Mandela puede reforzar tu punto de vista.

Imágenes y multimedia. Si estás presentando un nuevo producto ecológico, mostrar imágenes de bosques prístinos o animales en su hábitat natural puede asociar tu producto con la idea de preservación y cuidado del medioambiente.

Música y sonido. En una presentación sobre la importancia de la paz, podrías comenzar con la icónica canción *Imagine*, de John Lennon. La música evoca emociones y puede establecer rápidamente una asociación en la mente de tu audiencia.

Vestimenta y atuendo. Si estás dando una charla sobre la historia de la moda, vestirte con un estilo *vintage* puede reforzar tu mensaje y asociarte con la época sobre la que estás hablando.

Ejemplos actuales. Si estás hablando sobre el impacto de las redes sociales, podrías mencionar el rápido ascenso de plataformas como TikTok y asociar su éxito con las tendencias actuales de consumo de contenido.

Demostraciones en vivo. Si estás promocionando un producto de cocina, cocinar algo en el escenario y asociarlo con un famoso chef puede hacer que tu producto sea visto como de alta calidad.

La persuasión por asociación es un arte en sí mismo, un lienzo en blanco que espera ser pintado con las pinceladas de nuestra imaginación y creatividad. Pero recuerda, su verdadero potencial radica en cómo lo adaptamos y moldeamos a nuestras circunstancias únicas. Tiene tantas formas de uso como estrellas en el cielo; todo depende de la creatividad con la que lo abordemos. Así que te invito a experimentar, a jugar con este principio y a descubrir nuevas formas de encantar a tu audiencia.

7. Simpatía y similitud

En una cafetería concurrida, donde el murmullo de conversaciones y el aroma del café recién hecho llenan el aire, hay momentos que destacan. Entre ese ir y venir de personas y tazas humeantes, tus ojos se detienen en una mano que sostiene un libro familiar, *El alquimista*. No es solo un libro: es un recuerdo, una emoción, una parte de ti. En ese instante, un vínculo invisible se forma entre tú y ese desconocido. Sin palabras, ya tienes algo en común y esa conexión es el inicio de una conversación, quizá incluso de una amistad. Esa es la magia de la simpatía y la similitud: el poder de unirnos a través de lo que compartimos.

Mi hermana vivió algo similar, pero en un contexto completamente diferente. Un día, mientras conducía, fue detenida por un oficial de tránsito por una infracción menor. Sin embargo, algo sorprendente sucedió cuando el oficial vio su licencia de conducir y notó que compartían los dos mismos apellidos. Esa coincidencia fue suficiente para que la dejara ir sin multa. Increíble, ¿verdad? Pero es que, como señala el libro *Influencia,* incluso algo tan simple como un nombre puede generar simpatía y ser una herramienta poderosa de persuasión.

La similitud es una técnica de persuasión en la que las personas se sienten más inclinadas a aceptar una idea si proviene de alguien que les resulta familiar o similar. Es por eso por lo que los *influencers* en redes sociales tienen tanto éxito: conectan con su audiencia a través de intereses y valores compartidos. Las empresas, conscientes de este principio, utilizan testimonios de personas que reflejan a sus clientes ideales, creando un espejo en el que el consumidor puede verse reflejado.

Robert Cialdini, en sus investigaciones, ha documentado múltiples ejemplos de cómo la similitud puede influir en nuestra toma de decisiones, desde camareros que reciben propinas más grandes al compartir intereses con sus clientes hasta profesores que otorgan calificaciones más altas a estudiantes que les agradan.

Pero ¿sabías que este fenómeno de simpatía y similitud se manifiesta en muchas más áreas de nuestra vida? Veamos algunos ejemplos de estudios para darte ideas:

Entrevistas de trabajo exitosas. Los entrevistadores son más propensos a contratar a personas que les agradaban, independientemente de sus habilidades o qué tan calificados estaban para el trabajo.

Aumento en las ventas de *tupperware*. Las ventas se disparan cuando el vendedor y el comprador comparten algo en común, como el tener hijos de la misma edad.

El poder de los elogios. En un estudio se descubrió que los participantes que recibieron elogios al inicio del experimento mostraron una mayor disposición a colaborar que aquellos que no recibieron ningún cumplido.

La atracción visual. Si una persona se ve atractiva y viste de manera similar a la persona con la que está hablando, se puede generar una mayor simpatía y disposición a cooperar.

El principio de simpatía y similitud es poderoso en el ámbito del hablar en público. Aquí te presento cuatro ejemplos prácticos e interesantes sobre cómo aplicarlo:

Historias relatables en el escenario. Imagina que estás frente a un grupo de padres ansiosos, todos esperando escuchar tus palabras sobre la educación de sus hijos. En lugar de lanzarte directamente a los datos y cifras, decides compartir una anécdota personal. Hablas de esa vez que tu hijo te hizo una pregunta inesperada y cómo te sentiste al no saber cómo responder. Mientras narras, notas cabezas asintiendo en la audiencia, sonrisas comprensivas y miradas de empatía. Has tocado una cuerda en común y ahora hay una conexión contigo.

Idea. Comienza tu discurso o presentación compartiendo una historia personal o anécdota que sea relatable para tu audiencia. Asegúrate de que esta historia refleje una experiencia o sentimiento común que muchos puedan haber vivido.

El poder de las referencias culturales. Continúas tu charla y, para ilustrar un punto sobre la perseverancia, decides evocar la imagen de Harry Potter luchando contra Voldemort o Katniss Everdeen enfrentándose valientemente contra otros chicos en *Los juegos del hambre.* Los ojos de la audiencia brillan con reconocimiento. Han visto esas películas, han leído esos libros. Ahora, no solo estás compartiendo un mensaje, sino también un recuerdo cultural compartido.

Conversaciones que unen. Y luego, en lugar de seguir hablando, decides hacer una pausa y preguntar: «¿Quién de los presentes se ha enfrentado a un obstáculo que parecía insuperable?». Las manos se levantan y alientas a uno o dos valientes a compartir sus historias. A medida que hablan, la sala se llena de asentimientos y murmullos de acuerdo. Todos han estado allí, todos han sentido eso. Y en ese momento tu charla se convierte en una conversación, un intercambio. La similitud y simpatía se convierten en los hilos invisibles que nos tejen a todos juntos.

La simpatía y la similitud no son solo herramientas retóricas; son el reflejo de nuestra naturaleza humana. Anhelamos conexiones, buscamos puntos en común y nos sentimos atraídos por aquellos con quienes compartimos experiencias y valores. Al reconocer y honrar estas conexiones en nuestra comunicación no solo persuadimos, sino que también construimos puentes de entendimiento y confianza. Porque, al final del día, más allá de las palabras y las técnicas, es la autenticidad y el genuino deseo de conectar lo que realmente resuena en el corazón de la audiencia. Así que, la próxima vez que te encuentres frente a una audiencia, ya sea de una o de mil personas, recuerda que la verdadera persuasión proviene de encontrar y celebrar lo que todos compartimos.

8. Incentivo

En tiempos antiguos, se decía que para mover a un burro bastaba con mostrarle una zanahoria y, si se resistía, un suave golpe con un palo le recordaría su tarea. Esta anécdota, que ha trascendido generaciones, nos lleva a la teoría de la zanahoria y el palo, una metáfora perfecta sobre la motivación.

Un granjero, en una fresca mañana, intentaba llevar a su burro al mercado. Al principio, el animal se resistía a avanzar y el granjero, impaciente, recurría a los golpes para intentar moverlo. Pero, al recordar el amor del burro por las zanahorias, el granjero tuvo una revelación. En lugar de seguir golpeando al animal, decidió usar ese mismo palo de una manera diferente. Ató una zanahoria al extremo del palo y la colocó justo delante del burro, siempre a la vista, pero fuera de su alcance. El burro, al ver su premio tan cerca, avanzó con determinación hacia el mercado, siguiendo la promesa de esa zanahoria.

Esta historia no solo nos habla de burros y zanahorias, sino que refleja una verdad universal sobre la naturaleza humana: nos movemos hacia lo que deseamos. En el mundo laboral, esto puede traducirse en salarios, bonos o promociones. Pero en el arte de la comunicación el espectro es mucho más amplio. Puede tratarse de la promesa de una vida más saludable, la adquisición de conocimientos valiosos, las ventajas de un producto innovador o la solución a un problema persistente.

Cada vez que te dirijas a una audiencia, piensa en tu «zanahoria». ¿Qué beneficios tangibles e intangibles puedes ofrecer? ¿Qué hace única a tu propuesta frente a otras? Y, lo más importante, asegúrate de que esos beneficios sean auténticos y estén al alcance de quienes te escuchan. Porque, al final del día, todos somos un poco como ese burro, buscando nuestra zanahoria, esperando encontrar algo que dé sentido y propósito a nuestro caminar.

En el vasto mundo de la persuasión, los incentivos son como el viento en las velas de un barco, impulsando a la audiencia hacia un puerto específico. Pero ¿cómo se traduce esto en comunicar con más impacto, especialmente en contextos tan variados como las ventas o la educación? Permíteme compartir contigo tres escenarios reales que ilustran este principio en acción.

El seminario de ventas y el *webinar* escondido. Imagina un auditorio lleno de vendedores ávidos de conocimiento, cada uno buscando ese consejo dorado que elevará sus ventas al siguiente nivel. El orador, con una presencia imponente, comparte técnicas y estrategias durante una hora. Pero justo cuando la audiencia piensa que ha extraído todo el jugo de la presentación, el orador revela: «Sé que todos los aquí presentes quieren mejorar sus habilidades de venta. Por eso, al concluir esta charla, compartiré con ustedes un enlace exclusivo a un *webinar* que realicé el mes pasado sobre *neuromarketing* y ventas. Es una sesión que normalmente tiene un precio alto, pero para ustedes será completamente gratuita». La sala se llena de murmullos de emoción. El incentivo, inesperado y valioso, ha sellado el compromiso de la audiencia.

La conferencia de emprendimiento y el libro misterioso. En una conferencia para emprendedores, un reconocido autor está presentando su nuevo libro sobre estrategias de negocio. A medida que avanza la charla, la audiencia se sumerge en sus palabras, anotando cada consejo. Pero el verdadero as bajo la manga llega al final: «Para aquellos que están verdaderamente comprometidos con llevar su negocio al siguiente nivel, tengo una sorpresa. Los primeros cien asistentes que se acerquen al escenario al finalizar recibirán una copia firmada de mi libro anterior, que se convirtió en *bestseller* el año pasado». La promesa de un recurso adicional, especialmente uno con tal prestigio, crea un zumbido de anticipación en la sala.

La presentación de tecnología y la oferta irresistible. En el lanzamiento de un producto tecnológico innovador, la audiencia está cautivada por las características y beneficios del dispositivo. Sin embargo, el momento culminante llega cuando el presentador anuncia: «Hoy, para todos los presentes, tengo una oferta exclusiva: un descuento del 20% en la compra de nuestro nuevo dispositivo durante las primeras veinticuatro horas. Además, los primeros cincuenta en adquirirlo recibirán un año completo de garantía adicional sin costo». La propuesta es tan tentadora que muchos ya están buscando cómo hacer su pedido antes de que termine la presentación.

Estos ejemplos demuestran que, más allá de la calidad del contenido, ofrecer incentivos tangibles puede ser el factor decisivo que motive a la audiencia a actuar. En el arte de la persuasión, es esencial reconocer y aprovechar el poder de los incentivos para captar y mantener la atención de la audiencia.

9. Oposición o contraste. El yin y el yang

La persuasión por contraste: el Titanic y el poder del contraste

El 16 de abril de 1912, los titulares de los periódicos de todo el mundo se llenaron de una noticia que dejó al mundo en *shock:* el hundimiento del Titanic. Esta tragedia, que se llevó la vida de mil quinientas personas, no fue solo el final de una obra maestra de la ingeniería, sino también el comienzo de una leyenda que perduraría a través de los años. El Titanic, con su majestuosidad y lujo, llevaba a bordo a pasajeros de la élite, lo que amplificó aún más el impacto de la noticia. Pero, más allá de la tragedia, el Titanic se convirtió en un símbolo de contrastes y su historia ha sido contada y recontada en diversas formas, siendo la más icónica la película galardonada con trece premios Óscar.

Dentro de esta narrativa cinematográfica, encontramos una historia de amor que ejemplifica perfectamente el poder de la persuasión por contraste. Jack, un joven artista bohemio, y Rose, una dama de la alta sociedad, se encuentran en circunstancias extremas. Sus mundos, en apariencia opuestos, chocan en el majestuoso barco y es precisamente este contraste el que da fuerza a su relación.

En una escena particularmente emotiva, encontramos a Rose al borde del suicidio, parada en la proa, lista para saltar al gélido océano. Es en este momento crítico cuando Jack, utilizando el poder de la oposición o contraste, la persuade para que reconsidere su decisión. A través de sus palabras y acciones, Jack presenta a Rose un mundo lleno de posibilidades, aventuras y libertad, en contraposición al mundo sofocante y limitado al que está acostumbrada. Es este contraste el que finalmente salva a Rose no solo de saltar al océano, sino también de una vida de conformidad y restricciones.

Puedes ir descubriendo estos contrastes a medida que lees este breve diálogo. La escena se desarrolla en la proa del Titanic. El viento sopla con fuerza y las olas chocan contra el barco. Rose, con lágrimas en los ojos, mira al océano, mientras Jack se acerca a ella.

JACK.— No tienes ni idea de lo que es la vida hasta que la has vivido en la cubierta trasera de un barco. Y puedes estar segura de que no hay nada que te pueda pasar que no haya pasado antes a otra persona.

ROSE.— Eso es fácil de decir para ti. Eres un hombre y no entiendes lo que significa ser mujer en esta época.

JACK.— No, no lo entiendo. No lo entiendo en absoluto. ¿Cuál es el problema? ¿Que no puedes casarte con Cal? ¿Que tu madre y él te obligan a hacer lo que ellos quieren?

ROSE.— ¡Sí! ¡Exactamente!

JACK.— Bueno, eso es un problema. Pero te aseguro que no es el fin del mundo. Ahora mismo, estás navegando en uno de los barcos más grandes y lujosos jamás construidos. Pero ¿sabes qué? No es suficiente. No para ti. Nunca lo será. No hasta que sientas que las olas te golpean en la cara. Hasta que hayas estado de pie en la cubierta trasera del barco, viendo cómo se desvanece la línea del horizonte. No hasta que hayas sentido la verdadera libertad.

Este diálogo es una muestra magistral de cómo el contraste puede ser utilizado para persuadir y cambiar perspectivas. Jack, al presentarle a Rose la vida desde la cubierta trasera, contrasta su realidad de primera clase con la de aquellos que viven en la pobreza. A través de este juego de opuestos, Jack logra conectar emocionalmente con Rose, llevándola a reconsiderar su decisión y a ver el mundo desde una perspectiva diferente.

Pero los contrastes no terminan ahí. La escena misma es un juego de opuestos: el frío e inmenso océano contra la calidez y cercanía del diálogo, el lujo y la opulencia del Titanic frente al deseo de libertad simple y auténtica, y la sofocante rigidez de las expectativas sociales en contraste con la espontaneidad y la vida sin ataduras que Jack ofrece. Estos elementos se combinan para intensificar la tensión emocional y, finalmente, permiten a Rose ver más allá de su situación y elegir un camino distinto.

El poder del contraste radica en su capacidad para destacar extremos, generando una tensión emocional que obliga a la audiencia a reevaluar su posición y a ver el mundo desde una óptica renovada. Así como Jack persuadió a Rose al presentarle un contraste radical entre la libertad y el encierro, en nuestra vida cotidiana podemos utilizar este recurso para resaltar diferencias clave en nuestras propuestas, ideas o mensajes. El contraste no solo ilumina lo que está en juego, sino que también revela qué es lo realmente esencial, obligando a la audiencia a tomar una decisión emocional. Ya sea en ventas, discursos o conversaciones significativas, entender cómo usar el contraste es clave para captar la atención, generar impacto y, sobre todo, influir de manera memorable.

La estrategia de los grandes líderes

En el mundo de la comunicación, la persuasión por contraste es una herramienta poderosa que ha sido utilizada por líderes y figuras públicas a lo largo de la historia. Esta técnica consiste en presentar dos ideas opuestas para resaltar las ventajas de una sobre la otra, creando así un impacto más profundo en la audiencia.

Veamos algunos ejemplos notables:

Barack Obama (2008). Se presentó como un soplo de aire fresco en el mundo político, en contraposición a John McCain, quien había sido una figura política durante décadas. Esta comparación resaltó la juventud, energía y perspectiva innovadora de Obama.

Donald Trump. Se autodenominó como un hombre que hablaba sin rodeos, mientras que acusaba a Hillary Clinton de decir lo que la gente quería escuchar. Este contraste pintó a Trump como un candidato directo y genuino frente a una política tradicional.

Fidel Castro (crisis de los misiles de Cuba). Castro presentó a Cuba como una pequeña isla vulnerable frente a la gigantesca potencia de los Estados Unidos. Argumentó que, a pesar de su tamaño, Cuba tenía el derecho y la valentía de defenderse de cualquier amenaza.

Madre Teresa. Con su enfoque en los pobres y marginados, contrastaba la miseria y el abandono con la riqueza y el lujo de otros en el mundo. Su mensaje resaltaba la importancia de la fe y el amor en contraposición a un mundo a menudo centrado en el materialismo.

La persuasión por contraste no solo es efectiva para resaltar las características de una idea o propuesta, sino que también mejora la toma de decisiones. Al contrastar, las personas pueden tomar decisiones más informadas y fundamentadas. Además, esta técnica puede aumentar la empatía, ya que, al presentar situaciones tanto favorables como desfavorables, se invita a la audiencia a ponerse en el lugar de otros.

En resumen, presentar una idea junto a su opuesto puede ser una estrategia poderosa. No solo destaca los beneficios o desventajas de una propuesta, sino que también motiva a la acción, como lo han demostrado los líderes mencionados. Ya sea en política, en la vida cotidiana o en la toma de decisiones, el contraste es una herramienta que, cuando se utiliza adecuadamente, puede tener un impacto profundo y duradero.

10. Norma del compromiso. El compromiso silencioso: la puerta a la persuasión

En 1966, los investigadores Freedman y Fraser se embarcaron en un experimento que cambiaría nuestra comprensión de la persuasión. Su pregunta era simple pero profunda: «¿Cómo puede inducirse a alguien a hacer algo que no quiera hacer?». Lo que descubrieron fue una técnica sorprendentemente efectiva, que llamaron pie en la puerta.[56]

Piensa en un joven que se te acerca con una petición: firmar una petición para salvar a los árboles en tu localidad. Es una solicitud pequeña y accedes. Una semana después, el mismo joven te pide que te unas a una protesta para el mismo propósito. Sorprendentemente, es más probable que accedas a esta segunda, y mucho más significativa, solicitud. ¿Por qué? Porque ya has dado el primer paso.

Esta necesidad de coherencia en nuestras acciones y palabras, especialmente después de un compromiso público, es un fenómeno fascinante. Es como si nuestro cerebro estuviera cableado para ser coherente con nuestras acciones pasadas. Y los vendedores, políticos y líderes de todo el mundo han aprovechado esta comprensión para influir en nuestras decisiones.

Pero ¿es ético usar esta técnica? La respuesta es compleja. Como con todas las herramientas, su ética depende de cómo se use. Lo que es indiscutible es su poder. En un mundo lleno de ruido, entender y aprovechar la norma del compromiso puede ser la clave para destacar y hacerse escuchar. Y hablando de su poder, permíteme compartir una experiencia que ilustra exactamente cómo esta técnica de compromiso puede manifestarse en la vida diaria.

El sol de San Diego brillaba con fuerza aquel día. Mientras caminaba tranquilamente por el centro comercial, mis pensamientos vagaban libremente. Pero, como suele suceder en esos momentos de distracción, el destino tenía otros planes para mí.

Un vendedor se acercó con una sonrisa amable y una chispa en los ojos que denotaba pasión por lo que hacía. No era el típico vendedor agresivo que te asalta con ofertas y promociones. Era diferente. Su enfoque era sutil, casi como un bailarín que se desliza por el escenario, cautivando a su audiencia con cada movimiento.

La crema dorada que sostenía en su mano parecía contener el elixir de la juventud. A medida que hablaba de sus beneficios, su entusiasmo era contagioso. Pero lo que realmente me atrapó fue su habilidad para comprometerme en la conversación. Cada pregunta estaba diseñada para hacerme reflexionar, para hacerme sentir que esa crema era exactamente lo que necesitaba. Preguntas que crean un compromiso pequeño, pero que te están preparando para el gran compromiso, que es la venta.

Y así, sin darme cuenta, me encontré atrapado en su red de persuasión. Cada afirmación, cada demostración, cada pregunta me llevaba un paso más cerca de la compra.

Al salir del centro comercial con la «famosa» crema, me sentí un poco aturdido. ¿Cómo había sucedido? ¿Cómo había caído en la trampa de un vendedor tan hábil? Pero, con el tiempo, me di cuenta de que no había sido una trampa. Había sido una lección. Una lección sobre el poder de la persuasión y cómo puede ser utilizada para influir en nuestras decisiones.

El pie en la puerta no es solo una táctica de venta. Es una estrategia que ha sido utilizada por líderes, políticos y empresarios a lo largo de la historia. Es la habilidad de hacer que alguien se comprometa con algo pequeño para luego llevarlo a un compromiso mayor. Es el arte de la persuasión en su máxima expresión.

Y así, cada vez que recuerdo esa crema dorada, no puedo evitar sonreír. Porque me recuerda que todos somos susceptibles a la persuasión y que siempre hay algo nuevo que aprender. Es un recordatorio de que, en el juego de la vida, a veces somos los jugadores y otras veces somos los jugados. Y la clave está en saber cuál es cuál.

El brillo dorado de la crema en mi mano me recordó al destello de ambición en los ojos de Ray Kroc cuando vio por primera vez el potencial de los restaurantes McDonald's. Al igual que yo, los hermanos McDonald habían sido seducidos por una visión, una promesa de algo más grande. Pero mientras yo había sido persuadido por una crema rejuvenecedora, los hermanos McDonald habían sido atraídos por el sueño dorado del éxito empresarial.

La historia de Kroc y los hermanos McDonald's es una de ambición, de visión y, en última instancia, de dominación. Kroc comenzó como un simple vendedor de máquinas de batidos, pero su visión lo llevó a convertirse en el dueño de uno de los imperios de comida rápida más grandes del mundo. Su éxito no fue instantáneo; comenzó con un pequeño compromiso que ejemplifica la técnica de persuasión conocida como pie en la puerta. En el caso de Kroc, después de venderles la máquina de batidos, convenció a los hermanos McDonald de dejarlo franquiciar su restaurante. Este pequeño compromiso más que le permitió entrar en el negocio y demostrar su valía.

A medida que Kroc demostró su éxito en la expansión de la marca, los hermanos McDonald aceptaron concesiones cada vez mayores, como permitirle gestionar más aspectos del negocio. Kroc, con su tenacidad y visión, logró gradualmente más control sobre la empresa. Eventualmente, ofreció comprar la empresa a los hermanos por una suma que, aunque considerable, no reflejaba el verdadero valor del imperio en expansión que había ayudado a construir.

Así, Kroc se quedó con casi todo el imperio McDonald's, excepto una cosa: el primer restaurante, el corazón y el alma de la marca McDonald's. Este restaurante original permaneció en manos de los hermanos McDonald, un símbolo del lugar donde todo comenzó y de la única pieza del legado McDonald's que Kroc no pudo obtener.

La película *El fundador* retrata esta historia con una precisión desgarradora, mostrando la ambición desenfrenada de Kroc y su implacable determinación para lograr sus objetivos. Pero más allá de la historia de un hombre y su ambición, la película también es un estudio sobre el poder de la persuasión y sobre cómo pequeños compromisos pueden llevar a grandes resultados.

Los estudios han demostrado una y otra vez la efectividad de esta técnica. Ya sea colocando un pequeño cartel en nuestra ventana o asistiendo a un evento gratuito, una vez que nos comprometemos con una pequeña acción, somos mucho más propensos a aceptar compromisos más grandes en el futuro. Todo esto incluye las muestras gratuitas que nos llevan a comprar el producto completo. Es como si ese pequeño gesto de aceptar la muestra hubiera abierto una puerta en tu mente, preparándote para un compromiso más grande.

Así que la próxima vez que te ofrezcan una muestra gratuita o una invitación a un evento, piensa en Ray Kroc y en cómo esos pequeños compromisos pueden llevar a grandes resultados. Porque en el juego de la persuasión, a veces un pequeño movimiento es todo lo que se necesita para lograr un gran impacto.

En el contexto del hablar en público, se puede emplear para ganar la aceptación y participación del público poco a poco. Aquí tienes tres ejemplos prácticos de cómo se podría aplicar:

Preguntas sencillas al comienzo. Pedir a la audiencia que levante la mano si ha tenido alguna experiencia relacionada con el tema. Por ejemplo, «¿cuántos de ustedes han viajado fuera del país?». Una vez que las personas han levantado la mano para una pregunta simple, es más probable que participen en actividades o preguntas más comprometedoras más adelante.

Participación escalonada. Podrías proponer una actividad ligera: «Vamos a hacer un ejercicio rápido. Escribe en un papel la primera palabra que se te venga a la mente al pensar en liderazgo». Luego, más adelante, podrías pedirles que compartan esas palabras o incluso que expliquen por qué eligieron esa palabra en particular. El hecho de haberse comprometido con la primera tarea simple hace más probable que participen en la segunda, más personal.

Historias personales en cadena. Empiezas compartiendo una anécdota personal breve y ligera relacionada con el tema. Luego, invitas a la audiencia a compartir experiencias similares, pero en un formato de cadena. Es decir, después de que una persona comparta, puede elegir a alguien más para que haga lo mismo. El compromiso inicial es escuchar y elegir a alguien, pero la cadena crea un ambiente de expectativa y participación, haciendo más probable que las personas compartan sus propias historias a medida que avanza la actividad.

El compromiso va más allá de simples gestos. Se arraiga en las profundidades de nuestra psicología, influenciando el cómo pensamos y sentimos. Las personas anhelan la coherencia, una armonía entre lo que piensan, sienten y hacen. Esta coherencia es esencial para nuestra paz mental. Cuando actuamos de manera coherente con nuestros valores y creencias, sentimos una sensación de integridad y autenticidad. Pero cuando hay una brecha surge la disonancia cognitiva, una incomodidad que nos impulsa a alinear nuestras acciones con nuestras creencias.

Esta necesidad de coherencia ha sido utilizada por líderes inspiradores a lo largo de la historia, como Mahatma Gandhi. No solo fue un líder, sino también un maestro de la persuasión positiva. A través de actos simples, como marchas pacíficas, instó a las personas a comprometerse con una causa mayor. Cada paso en esas marchas era un testimonio del compromiso de las personas con la visión de una India libre.

Entonces, ¿cómo puedes utilizar el poder del compromiso en tu comunicación? Comienza por entender a tu audiencia, sus valores y creencias. Luego, crea oportunidades para pequeños compromisos que puedan conducir a acciones más significativas. Ya sea a través de preguntas, historias o gestos, cada pequeño compromiso puede ser el primer paso hacia un cambio transformador. Porque, como dijo Gandhi, «en la simplicidad yace la grandeza». Y en cada pequeño compromiso yace el potencial de un impacto profundo.

La verdadera magia

En este viaje hemos visto los diez principios de **persuasión**. Cada técnica, cada principio, es como una joya preciosa para comunicar con impacto.

El **precedente,** esa guía silenciosa que nos muestra que lo que ha sido puede ocurrir de nuevo. La **escasez,** ese susurro constante que nos recuerda que lo que es raro es precioso. La **reciprocidad**, el baile eterno de dar y recibir, un ciclo que nunca termina. Lo **simple y concreto**, la belleza de lo esencial, destilado a su forma más pura. La **unanimidad,** el poder del colectivo, donde la voz de muchos se convierte en un rugido ensordecedor. La **asociación,** esos hilos invisibles que conectan ideas, lugares y momentos. La **simplicidad y simpatía,** el encanto de lo genuino y sencillo, de lo que llega directo al corazón. El **incentivo,** esa chispa que enciende la acción, que nos impulsa a movernos. La **oposición o contraste,** el juego de luces y sombras que da profundidad a nuestra percepción. Y, finalmente, la **norma del compromiso,** el ancla que nos mantiene firmes en nuestras decisiones, el pacto silente con nosotros mismos.

Estas no son meras técnicas; son los cimientos de una conexión auténtica y profunda, los pilares que permiten construir puentes entre las mentes y los corazones. La verdadera magia reside no solo en conocer estos principios, sino en la manera en que se aplican, en la intención que subyace a cada palabra y en el deseo genuino de conectar profundamente con otro ser humano. Este enfoque único es lo que transforma una simple conversación en una experiencia inolvidable y persuasiva.

Así, con el firme deseo de que mejores tu comunicación, te hago una invitación: usa estas herramientas no solo para persuadir, sino para iluminar, para inspirar y, sobre todo, para construir un mundo mejor. Al final del día, la persuasión es un arte y, como todo arte, tiene el poder de transformar realidades.

Después de dominar el arte de persuadir, hay otro territorio que promete ser igual de fascinante por explorar. ¿Continuamos el viaje?

Pero antes de continuar te dejo unas líneas para que anotes las ideas principales que has sacado de este capítulo:

....

....

....

....

....

4.
Arte del *storytelling*

Transformando audiencias en embajadores

En el año 2012, el mundo se estremeció ante la noticia de que una niña de apenas catorce años había sido víctima de un disparo. Su «delito» no fue otro que alzar la voz por el derecho de todas las niñas a recibir educación. Mientras el sol se despedía y ella regresaba a su hogar, las sombras de los talibanes la alcanzaron, dejando marcas de plomo en su cabeza y cuello. La urgencia del momento la llevó a un hospital, luchando entre la vida y la muerte.

Desde el 2007, los talibanes habían oscurecido la región con su dominio, silenciando las voces femeninas y cerrando sus escuelas. Pero en medio de ese silencio una voz se alzó, firme y decidida. Bajo el seudónimo de Gul Makai, una pluma valiente comenzó a trazar palabras en un diario para la BBC,[57] narrando la vida bajo el yugo talibán. Cada entrada en el blog era un grito de resistencia, un relato de temores y esperanzas.

> El talibán ha publicado un edicto en el que prohíbe que las niñas vayamos a la escuela... Mientras iba a la escuela, escuché a un hombre decir: «Te voy a matar». Apuré el paso y cuando miré hacia atrás el hombre venía detrás de mí. Pero, para mi gran alivio, él estaba hablando por teléfono así que debía estar amenazando a alguna otra persona.

Los talibanes, con su visión retorcida, intentaron silenciar a las mujeres, prohibiéndoles incluso el simple acto de comprar. Destruyeron sueños y escuelas, pero no pudieron silenciar a Gul Makai. Su voz resonó, convirtiéndose en un eco poderoso en foros y corazones alrededor del mundo.

Después de sobrevivir a la sombra de la muerte, su historia se erigió como un faro de valentía. A través de sus palabras, discursos y un libro, el mundo conoció a Malala Yousafzai, la joven que desafió al miedo y que sigue luchando por la igualdad de género y el derecho a la educación. Malala Yousafzai recibió el Premio Nobel de la Paz a los diecisiete años, convirtiéndose en la persona más joven en recibirlo.

Las historias tienen el poder de mover almas, de transformar realidades. Son el susurro que puede despertar conciencias, el grito que defiende valores y derechos, el eco que resuena con ideas para iluminar a otros. Son el puente que nos conecta, la llave que abre memorias y la chispa que enciende pasiones. Y, como bien saben los comunicadores y *storytellers,* las historias también tienen el poder de vender.

En pleno corazón de Nueva York, en 2009, Rob Walker y Joshua Glenn emprendieron una misión inusual. No buscaban tesoros ni reliquias, sino objetos cotidianos, aparentemente sin valor.

Con un ciento de estos en mano, decidieron llevar a cabo un experimento audaz: ¿podría una historia cambiar el valor percibido de algo tan simple? Si la narrativa podía hacerlo, ¿hasta dónde llegaría su impacto? Prepárate para un viaje que desafiará todo lo que crees sobre el valor y la percepción.

Con una inversión promedio de 1.29 dólares por objeto, reunieron cien piezas irrelevantes y al azar[58] en eBay. Pero su visión iba más allá del valor material. Se preguntaron: «¿Qué sucedería si cada objeto contara una historia? ¿Cuánto más estaría dispuesto a pagar alguien si detrás de cada objeto hubiera una narrativa que tocara el corazón?».

Con la ayuda de escritores, tejieron historias para cada uno de estos objetos, buscando una conexión emocional con los futuros compradores. Y así, con historias en mano, lanzaron sus «insignificantes» productos al vasto mar de eBay.

El resultado fue asombroso. Lo que comenzó con una inversión de 128.74 dólares se transformó en una ganancia de 3612.51 dólares.[59] Un simple vaso de chupito adquirido por un dólar encontró un nuevo hogar por 76 dólares —¡7600% de incremento de valor!—. Una estatuilla rusa que costó 3 dólares fue reclamada por 193.50 dólares. Y un modesto jarrón con forma de vaca, comprado por 2 dólares, se vendió por 62 dólares.

Este experimento, bautizado como «El experimento de objetos insignificantes», capturó la atención del mundo, demostrando que las historias tienen el poder de transformar el valor de lo que tocamos. Nos mostró que las narrativas son un motor poderoso de valor emocional, capaz de influir en nuestra percepción y decisión. Y lo más fascinante de todo es que todos somos narradores. Cada día, con cada palabra, con cada gesto contamos historias que tienen el poder de cambiar el mundo a nuestro alrededor.

En el vasto océano de la comunicación, muchos navegan buscando el faro que los guíe hacia una conexión más profunda, hacia un impacto memorable. Buscan ser escuchados, ser recordados, influir y persuadir. Pero, a menudo, se encuentran perdidos en un mar de datos, hechos y estadísticas, olvidando el poder ancestral de una herramienta: la historia.

Las historias son la clave que une corazones y mentes. A través de ellas, ideas y emociones cobran vida, danzando en un escenario donde lo complejo se vuelve simple, lo abstracto se torna tangible. En una historia, los valores e ideas se entrelazan, envolviendo a la audiencia en un abrazo cálido y persuasivo.

Seth Godin, con su visión aguda, lo expresó con claridad: el *marketing*, y, en realidad, toda comunicación de impacto ya no se centra en las acciones, sino en las historias que cuentas. Es el arte de contar historias lo que da vida a nuestras ideas, lo que las hace brillar en la oscuridad.

El triángulo dorado del *storytelling*

Pero ¿cómo navegamos en este arte? ¿Cómo tejemos historias que enciendan la chispa, que dejen una huella indeleble?

La respuesta yace en lo que llamo el triángulo dorado del *storytelling*, donde la estructura es el primer lado. Se trata del esqueleto que sostiene nuestra narrativa. El segundo es la autenticidad y el tercero es conocer el poder de lo universal. Primero es tener una secuencia clara, un camino iluminado que nos guía paso a paso, evitando desvíos y distracciones. Aquí te presento las cinco etapas esenciales, las piedras angulares que construirán tu relato, guiadas por la cronología de la historia. Es el mapa que te llevará a crear historias poderosas, que resonarán en el corazón de tu audiencia.

Cronología de la historia: el reloj descompuesto de Cronos

Piensa en Cronos, el titán del tiempo en la mitología griega, como un guardián de un reloj antiguo y majestuoso. Este reloj, con sus intrincados engranajes y manecillas, representa la estructura de una historia. Cada tictac, cada movimiento, es un evento en la narrativa. Pero, en un momento de distracción, Cronos permite que el reloj se desarme. Los engranajes se desordenan, las manecillas giran sin sentido y el tiempo, la esencia misma de la historia, se vuelve caótico.

Una historia sin una cronología clara es como ese reloj descompuesto. Los eventos se mezclan, los personajes se pierden en el tumulto y el mensaje central se diluye en el desorden. Los oyentes o lectores se sienten desorientados, como si estuvieran en un laberinto sin salida. La conexión emocional se rompe y la historia, por muy buena que sea su esencia, no es memorable.

Por otro lado, cuando cada pieza del reloj, cada evento de la historia se coloca en su lugar correcto, el reloj de Cronos vuelve a la vida. Tictac tras tictac, la historia avanza con fluidez, llevando al público de la mano a través de cada giro y emoción. Es en este orden y estructura donde las historias cobran vida, conectan con el corazón y se graban en la memoria.

Así es como se siente una narrativa sin una secuencia clara. Es como intentar leer un libro con sus páginas desordenadas. Nos perdemos, nos desconectamos y, a menudo, abandonamos la historia por completo. Pero cuando las páginas están en orden, cuando las piezas del reloj están en el lugar correcto, hay una secuencia lógica y emocionante, la magia sucede. Nos sumergimos en el relato, vivimos cada momento y sentimos cada emoción.

Incluso las tramas más intrincadas, como la de *Regreso al futuro,* con sus saltos temporales y paradojas, siguen una estructura cronológica. A pesar de sus complejidades, la película nos guía a través de cinco etapas esenciales, permitiéndonos seguir cada giro y revés con anticipación y emoción. Es un testimonio del poder de una cronología bien ejecutada.

Por eso, al tejer nuestras narrativas, recuerda el reloj de Cronos. Y con ello la cronología de la historia. Asegurémonos de que cada momento, cada detalle, esté en su lugar adecuado en la cronología. Así, nuestras historias no solo se entenderán claramente, sino que también resonarán, engancharán y, sobre todo, serán inolvidables.

Cronología de la historia: paso 1, el contexto

Toda historia inicia como un lienzo virgen, aguardando ser iluminado con pinceladas y matices. Y es el contexto el que da el primer y decisivo golpe de pincel.

«En una galaxia muy muy lejana...». Con estas palabras, se nos transporta a un universo completamente diferente, lleno de aventuras, dilemas y personajes inolvidables. *Star Wars* no solo nos presentó una historia, sino que nos sumergió en un universo completamente nuevo y todo comenzó con esa simple frase.

El contexto es la piedra angular de tu historia. Es la base sobre la que construyes todo lo demás. Nos introduce a los personajes, nos muestra su mundo, sus deseos, sus temores. Nos da una idea de dónde están y hacia dónde podrían ir. Es el marco que nos ayuda a entender todo lo que sigue.

Imagina contar la historia de una persona que se enfrenta a un gran desafío sin explicar su entorno, sus motivaciones o lo que está en juego. Sería difícil para la audiencia conectar y empatizar. Por eso, el contexto no solo enriquece la narrativa, sino que también crea una conexión emocional con el público.

Pero ¿cómo establecemos un buen contexto?

Personajes. Presenta a tus protagonistas. No solo sus nombres, sino sus deseos, sus miedos, lo que los mueve. Haz que el audiencia o el oyente sienta empatía por ellos desde el primer momento.

Entorno Describe el mundo en el que se desarrolla tu historia. Ya sea en una galaxia muy muy lejana o en una escuela llamada Hogwarts, donde jóvenes con poderes especiales aprenden magia. El entorno es esencial para que la audiencia pueda visualizar la historia en su mente.

Contexto histórico y cultural. ¿En qué época se desarrolla tu historia? ¿Qué eventos históricos o culturales son relevantes? Al igual que en *Star Wars,* donde el universo creado por George Lucas es esencial para entender la trama, en cualquier historia, el contexto histórico y cultural da profundidad y riqueza a la narrativa.

Detalles. Los pequeños detalles son los que dan vida a tu historia. No es necesario describir todo con minuciosidad, pero algunos detalles bien elegidos pueden hacer que tu historia cobre vida en la mente de la audiencia. Si hablas de un castillo mágico, y das detalles como pasillos llenos de retratos que susurran secretos, y escaleras que cambian de lugar, pueden transportar a tu audiencia a un mundo lleno de magia y misterio.

Piensa en las historias que les cuentas a los niños, como la de *La liebre y la tortuga:* «En el mundo de los animales, vivía una liebre muy orgullosa, porque ante todos decía que era la más veloz. Por eso, constantemente se reía de la lenta tortuga».

En una sola línea, se establecen los personajes, el entorno y se comienza a dar detalles y motivaciones. Esa es la magia del contexto.

Con el contexto bien establecido, estás listo para llevar a tu audiencia al corazón de la historia, a la chispa que enciende el fuego. Y eso nos lleva al siguiente paso...

Cronología de la historia: paso 2, el conflicto

¿Alguna vez te has preguntado por qué las historias sin conflicto son tan emocionantes como ver crecer el pasto? El conflicto es el corazón palpitante de cualquier narrativa. Es el motor que impulsa la trama, el fuego que calienta la historia. Sin conflicto, una historia es simplemente una serie de eventos sin dirección ni propósito.

Piensa en Michael Corleone en *El padrino.* Su lucha constante por el poder, por proteger a su familia en un mundo criminal, es lo que nos mantiene al borde de nuestros asientos. O Forrest Gump, un hombre sencillo que enfrenta desafíos inimaginables, desde la discriminación hasta la guerra, pero que también encuentra amor y amistad en los lugares más inesperados. Estos conflictos, estos desafíos, son lo que hace que estas historias sean inolvidables.

El conflicto es el alma de la historia. Es lo que nos hace preocuparnos por los personajes, lo que nos hace sentir emociones, desde la tensión hasta el alivio, desde el miedo hasta la esperanza. Es el conflicto el que nos lleva a explorar temas profundos y universales, como la lucha entre el bien y el mal en *Star Wars,* o la naturaleza del amor y la amistad en *Forrest Gump.*

Imagina por un momento un universo donde no exista Darth Vader, donde la galaxia esté en paz. ¿Sería *Star Wars* la saga icónica que conocemos? O piensa en una historia donde la liebre no se burla de la tortuga. ¿Tendría el mismo impacto?

El conflicto es esencial. Es lo que da vida a la historia, lo que la hace resonar en nosotros. En el caso de la liebre y la tortuga, vemos el conflicto en la burla de la liebre, en el desafío de la tortuga. Sentimos simpatía por la tortuga, nos identificamos con su deseo de demostrar su valía. Y todo esto se debe al conflicto.

Una vez que hemos establecido el conflicto, la historia comienza a tomar forma. Es como una melodía que se va construyendo nota por nota, llevándonos hacia el clímax. Y eso nos lleva al siguiente paso en la cronología de la historia...

Cronología de la historia: paso 3, la creación

La creación es el escenario donde los personajes cobran vida y donde cada detalle se une para formar una narrativa cohesiva y envolvente. Es el acto mágico de dar vida a una idea, de transformar una simple premisa en una aventura épica que captura la imaginación.

Piensa por un momento en el bosque donde la liebre y la tortuga se preparan para su carrera. Siente la tensión en el aire, el murmullo de los animales, la expectación palpable. Cada detalle, desde el crujir de las hojas bajo los pies de los espectadores hasta el suave zumbido de los insectos, contribuye a crear una atmósfera rica y envolvente. Es en esta fase de creación donde la historia realmente cobra vida.

La creación es el arte de la narración: donde se revelan las personalidades de los personajes, se exploran sus motivaciones y deseos, y se establece el tono y el ritmo de la historia. Es la construcción de un mundo, pieza por pieza, detalle por detalle, hasta que todo encaja perfectamente.

En el caso de *La liebre y la tortuga,* la creación nos muestra no solo una simple carrera, sino una batalla épica de voluntades. Vemos la arrogancia de la liebre, su confianza ciega en su velocidad, pero también vemos la determinación de la tortuga, su inquebrantable espíritu y su fe en sí misma. Y a medida que la historia se desarrolla sentimos la emoción, la tensión y la pasión de cada momento.

La creación es, en esencia, el corazón de la historia. Es donde se construye el mundo, se desarrollan los personajes y se establece el conflicto. Es el acto de dar vida a una idea, de transformarla en una experiencia inmersiva que captura la imaginación y el corazón del público. Y es este acto de creación, lo que prepara el escenario para el momento culminante de la historia: el clímax.

Cronología de la historia: paso 4, el clímax

El clímax es ese punto álgido en una historia donde las emociones y tensiones alcanzan su pico máximo. Es el momento en que el público se encuentra al borde de sus asientos, con el corazón latiendo con fuerza, esperando a ver qué sucederá a continuación.

Toy Story 3 nos brinda uno de los clímax más intensos y emotivos en la historia del cine de animación. Imagina la escena: una cinta transportadora en movimiento, un ruido ensordecedor de maquinaria y, sobre ella, nuestros queridos juguetes junto con otros desechos, todos arrastrados hacia una muerte segura en un incinerador ardiente. El resplandor anaranjado del fuego ilumina sus caras de plástico, reflejando el terror y la desesperación en sus ojos. El calor del fuego se siente cada vez más cerca y el destino parece sellado.

Los juguetes, que han sido nuestros compañeros a lo largo de tres películas, se encuentran en una situación desesperada. No hay escapatoria visible y el final parece inminente. Pero en medio de ese caos surge un momento de claridad y conexión entre ellos. Buzz Lightyear, siempre valiente, siente la mano temblorosa de Jessie. En un acto de solidaridad y amistad, la toma firmemente. Esa acción desencadena una reacción en cadena. Jessie, a su vez, toma la mano —o pata— del burro y, así, uno tras otro, todos los juguetes se unen, formando una cadena de solidaridad y esperanza. Un momento conmovedor de amor y amistad.

Este momento es poderoso porque no solo muestra la unión de los personajes ante la adversidad, sino que también refleja una verdad universal: en los momentos más oscuros es cuando más necesitamos a los demás. Es un recordatorio de que, sin importar las circunstancias, la conexión y el amor son lo que realmente importa.

El clímax de *Toy Story 3* es un testimonio de la habilidad de los narradores para llevarnos a través de un torbellino de emociones, desde la desesperación más profunda hasta la esperanza más brillante. Al crear tu propia historia, piensa en cómo puedes construir hacia ese momento culminante, cómo puedes hacer que el público sienta cada emoción y cómo puedes dejar una impresión duradera en su corazón.

Cronología de la historia: paso 5, la conclusión

Después de un viaje emocional, llegamos al punto culminante: la conclusión. Es aquí donde todas las piezas del rompecabezas se unen y se nos presenta el mensaje central de la historia. En *Toy Story 3*, después de enfrentar desafíos y adversidades, los juguetes nos enseñan el poder de la unidad y la amistad. Nos muestran que, incluso en los momentos más oscuros, la solidaridad y el apoyo mutuo pueden ser la luz que nos guía hacia la salvación.

Andy, el dueño de los juguetes, nos brinda una lección invaluable sobre el paso del tiempo, el crecimiento y la madurez. Al donar sus juguetes a Bonnie, nos muestra que hay momentos en la vida en los que debemos soltar y avanzar, pero eso no significa olvidar. Significa dar la oportunidad a otros de crear nuevos recuerdos, al igual que él lo hizo en su infancia.

La conclusión no es solo el final de una historia, sino el comienzo de una reflexión. Es el momento en que el narrador invita al público a mirar hacia dentro y preguntarse: «¿Qué he aprendido? ¿Cómo puedo aplicar estas enseñanzas en mi vida diaria?». En el caso de *Toy Story 3*, nos llevamos el mensaje de que la amistad y el amor trascienden el tiempo y las circunstancias. Nos enseña que, sin importar los desafíos que enfrentemos, siempre es mejor enfrentarlos juntos.

Al construir tu propia historia, recuerda que la conclusión es tu oportunidad de dejar una impresión duradera en tu audiencia. Es tu momento para resaltar el propósito de tu narrativa y asegurarte de que tu mensaje sea claro y resonante. Cada paso, desde la introducción hasta el clímax, ha estado construyéndose hacia este punto. Asegúrate de que tu conclusión sea tan poderosa y memorable como el viaje que llevó a ella.

Narrar es un arte ancestral, una danza entre la mente del narrador y el corazón del oyente. Cada etapa, desde el primer susurro de contexto hasta la resolutiva conclusión, es un paso delicado en esa danza. Al seguir estas cinco etapas, no solo estás contando una historia; estás invitando a tu audiencia a un viaje, uno en el que las emociones se entrelazan. Pero no olvides que, al final del día, el verdadero poder no yace en la estructura o en el esquema; reside en la autenticidad y pasión con las que entregas cada palabra. Con ese dominio en la narrativa no solo cuentas historias, sino que también dejas un legado. Y ahora que sabes los pasos para dominar el arte de construir relatos poderosos es hora de explorar cómo, a través de ellos, puedes inspirar, mover montañas y encender almas.

¿Cómo inspirar con tus historias?

¿Te has preguntado alguna vez por qué ciertas historias nos emocionan hasta las lágrimas, nos hacen reír a carcajadas o nos dejan pensativos durante días? La respuesta es simple: la estructura narrativa.

Esta no es solo una fórmula que da orden a las palabras. Es el esqueleto de la historia, la columna vertebral que conecta cada momento y emoción. Es lo que nos lleva de la mano, presentando personajes con los que nos identificamos, conflictos que nos mantienen al borde del asiento y finales que nos llenan de satisfacción.

Y hay una estructura en particular que ha demostrado su magia una y otra vez, desde antiguas leyendas hasta las películas más populares de la actualidad. ¿Recuerdas la emoción al ver a Luke Skywalker enfrentándose a Darth Vader? ¿La tensión cuando Harry Potter descubre su destino? Esas historias, junto con clásicos como *El señor de los anillos* y *El alquimista,* siguen un patrón que llega al corazón. Es el patrón que ha demostrado, una y otra vez, su capacidad para tocar las fibras más profundas de nuestra humanidad.

Pero no solo en las grandes pantallas o en las páginas de un libro encontramos esta estructura. También resuena poderosamente en el arte del hablar en público. Es aquí donde «el viaje del héroe»[60] de Joseph Campbell cobra vida de una manera diferente, pero igualmente impactante. Esta estructura la descubrió Campbell como una columna vertebral de innumerables mitos, leyendas y cuentos de todas las culturas. Y actualmente es una guía para narrar historias que conectan, que emocionan y que inspiran.

En las siguientes líneas, te revelaré ese patrón, la clave para conectar y emocionar a tu audiencia como nunca antes.

Campbell, con su aguda observación y profundo análisis, destiló la esencia de las historias más cautivadoras en diecisiete etapas universales. Y cada historia perdurable tenía esas etapas. Sin embargo, si bien estos diecisiete pasos son profundos y detallados, pueden parecer abrumadores para algunos; especialmente, para aquellos que buscan captar la esencia de una historia en un discurso o presentación. Es necesario hacer una adaptación al hablar en público por tres motivos:

Atención del público. La atención de una audiencia es limitada. Añadir demasiados elementos o complicar demasiado la estructura puede distraer o confundir a los oyentes, en lugar de atraerlos.

Tiempo limitado. Los discursos y presentaciones suelen tener un tiempo determinado, lo que hace difícil incluir y desarrollar adecuadamente todos los pasos del viaje del héroe.

Facilidad de preparación. Simplificar el enfoque hace que la preparación sea más manejable y permite al orador concentrarse en perfeccionar su entrega, en lugar de preocuparse por encajar múltiples elementos en su discurso.

Para una presentación más cautivadora, es necesaria una adaptación de esta estructura. En nuestros cursos, enseñamos siete pasos que funcionan perfectamente. Lo llamamos «El trayecto del mentor». Estos pasos son la esencia de lo que hace que una historia resuene y deje una marca en el oyente.

¿Cómo lo aplicamos todo esto en la práctica? Ten en cuenta que es un viaje en sí mismo, que comienza con la conciencia. Lo primero que tenemos que hacer es comprender estos siete pasos que te voy a compartir. Con ello desbloqueamos un potencial creativo que quizá no sabíamos que teníamos. El segundo paso es inspirarse en ejemplos icónicos, como el inolvidable discurso de Steve Jobs o las tramas de películas aclamadas. Y, finalmente, la clave está en la acción: crear y narrar nuestras propias historias. Con el tiempo y la práctica, este proceso se vuelve más intuitivo, liberando nuestra creatividad y permitiéndonos contar historias que no solo entretienen, sino que también inspiran y transforman.

Por ello te invito a tener la libertad de poder moverte y experimentar con ellos.

Primer paso. Comprender para desbloquear tu potencial

El viaje o el trayecto del mentor: una odisea emocional

Llamado a la aventura. Imagina un susurro en tu oído, una chispa en tu corazón, un deseo ardiente que te empuja a explorar lo desconocido. Todos, en algún rincón de nuestra alma, hemos sentido ese llamado. Es ese anhelo de aventura, de descubrir algo más grande que nosotros mismos, de salir de nuestra burbuja y aventurarnos en lo desconocido. Podría ser el deseo de cambiar de carrera, de viajar al otro lado del mundo o, simplemente, de aprender algo nuevo.

Rechazo del llamado. Pero con ese deseo viene el miedo. Esa voz interna que nos advierte de los peligros, que nos recuerda nuestras inseguridades y nos pregunta: «¿Estás seguro de esto?». Es natural sentir miedo ante lo desconocido, dudar de nuestra capacidad para enfrentar los desafíos que se avecinan. Pero ¿qué sería de la vida sin esos desafíos?

Cruzando el umbral. Hay un punto de no retorno en cada aventura. Ese momento en que decidimos dejar atrás nuestras dudas y miedos y dar el salto al vacío. Es el momento en que dejamos atrás lo familiar y nos adentramos en un mundo lleno de posibilidades y desafíos.

Pruebas, aliados y enemigos. En este nuevo mundo, nos encontramos con obstáculos y desafíos que nos ponen a prueba. Pero no estamos solos. En el camino, encontramos aliados que nos apoyan y enemigos que nos desafían. Cada prueba nos fortalece, cada aliado nos inspira y cada enemigo nos enseña.

Mentor. En medio de la tormenta, a menudo encontramos una guía, alguien que ha recorrido el camino antes que nosotros y que nos ofrece su sabiduría y experiencia. Es esa voz de aliento en los momentos más oscuros, esa mano amiga que nos ayuda a levantarnos cuando caemos.

Acercamiento a la caverna profunda. Pero la verdadera prueba aún está por venir. Es ese desafío que parece insuperable, ese momento en que todo parece perdido. Es el enfrentamiento con nuestros miedos más profundos, con nuestras inseguridades y dudas. Es el momento de la verdad.

Resurrección o transformación. Y cuando todo parece perdido, cuando sentimos que no podemos más, surge una fuerza interior que nos impulsa a seguir adelante. Es el renacimiento, el momento en que nos damos cuenta de nuestra verdadera fuerza y potencial. Es el momento en que regresamos a casa no como la persona que éramos al inicio del viaje, sino como alguien más fuerte, sabio y valiente.

Aunque iniciamos el viaje como una versión de nosotros mismos, regresamos transformados, forjados por las pruebas que hemos superado. Cada desafío enfrentado, cada obstáculo superado, nos moldea y nos convierte en héroes a nuestra manera. Ya sea superando una pérdida, criando a nuestros hijos, emprendiendo un negocio, venciendo una enfermedad o culminando una carrera, cada experiencia nos enriquece. Pero ser un héroe no es el final del viaje, sino que se convierte en el comienzo de otro: ser un mentor. Ahora, con la sabiduría adquirida, tenemos la responsabilidad y el poder de guiar a otros. El trayecto del mentor no solo nos muestra cómo superar nuestros propios desafíos, sino también cómo compartir ese conocimiento, conectarnos con otros y establecernos como referentes en nuestras áreas de experiencia.

Segundo paso. Inspirándose en ejemplos icónicos

¿Cómo gano autoridad y credibilidad presentando mi historia con esta narrativa? Ahora que hemos explorado el trayecto del mentor y cómo cada uno de nosotros puede identificarse con él, es hora de ver cómo esta estructura narrativa ha sido utilizada por figuras icónicas en sus discursos. Antes de que cuentes tu historia, te pondré un ejemplo clásico. Uno de los ejemplos más emblemáticos, como ya hemos visto anteriormente, es el discurso de Steve Jobs en la Universidad de Stanford. Veamos cómo Jobs tejió su historia personal utilizando estos pasos. Observemos cómo lo aplicó:

El llamado a la aventura. En medio de su juventud, con un horizonte lleno de posibilidades, Steve Jobs confesó: «No tenía ni idea de qué hacer con mi vida». Su alma inquieta lo llevó a abandonar la universidad y embarcarse en un viaje espiritual a la India, buscando respuestas, buscando un propósito.

El rechazo al llamado. Aunque continuó sus estudios, sin motivación, había una chispa que faltaba. «Estuve dando tumbos por un largo período», admitió, revelando su lucha interna para encontrar su verdadera pasión.

Cruzar el umbral. Con una determinación renovada, declaró: «Decidí retirarme confiado en que todo saldría bien. Fue muy aterrador». Fue entonces cuando comenzó a seguir su verdadera pasión. Habla con nostalgia de esos días iniciales, cuando junto con Wozniak, en el confinado espacio de un garaje, nació Apple. Un salto audaz fuera de su zona de confort hacia lo desconocido.

Pruebas, aliados y enemigos. A lo largo de su viaje, Jobs encontró guías y adversarios. Habló con cariño de figuras como Robert Noyce, el visionario fundador de Intel, y su camarada en Apple, Steve Wozniak. Dentro de esas grandes pruebas y enemigos se encuentra el despido de su propia empresa, sus dudas internas y fracasos.

Mentor. «Si vives cada día como si fuera el último, algún día tendrás razón». Una frase que resonó en el joven Jobs y que se convirtió en su mantra. Cada mañana se enfrentaba al espejo con una pregunta: «¿Querría hacer lo que voy a hacer hoy?». Esta reflexión junto con las enseñanzas de sus padres adoptivos sirvieron como faros en su travesía.

Acercamiento a la caverna profunda. Pero no todo fue un camino dorado. «¿Cómo pueden despedirte de la empresa que tú mismo has fundado? Fue devastador», confesó Jobs, aludiendo a uno de los momentos más oscuros de su carrera. Y luego, la batalla más dura: su lucha contra el cáncer.

La resurrección o transformación. Sin embargo, como el ave fénix, Jobs resurgió. Habló de su renacimiento tras ser despedido de Apple, de cómo fundó NeXT y Pixar Animation Studios y de cómo el cáncer le ofreció una perspectiva renovada de la vida. Con orgullo, relató su regreso triunfal a Apple, revolucionando el mundo con innovaciones como el iPod, el iPhone y el iPad.

En ese magistral discurso, Jobs teje el arco del mentor, narrando su odisea personal con tal maestría que captura y mantiene la atención de todos los que lo escuchan, incluso años después. No solo gana aplausos, sino que también conquista corazones. A través de sus palabras, sentimos la intensidad de su batalla contra el cáncer, una lucha que le otorgó una visión renovada de la existencia. Al escucharlo, se nos brinda una ventana a esa perspectiva, recordándonos el heroico viaje que todos enfrentamos en nuestras propias vidas.

Bien, hemos recorrido el fascinante mundo de la estructura en la narración. Pero ¿alguna vez te has preguntado por qué algunas historias te llegan al alma, mientras que otras te parecen simplemente vacías? La respuesta yace en nuestro próximo ingrediente secreto: la autenticidad. Y créeme, es más intrigante de lo que suena. ¿Estás listo para descubrir por qué?

Autenticidad y honestidad: el corazón del *storytelling*

En un tribunal de California, Elizabeth Holmes,[61] con lágrimas en los ojos, expresaba su «profundo dolor». Sin embargo, detrás de esas lágrimas se escondía una historia de engaño y traición. Condenada a once años de prisión, Holmes se convirtió en el ejemplo de cómo la persuasión sin autenticidad y honestidad puede desencadenar un desastre monumental.

Holmes, con su carisma y habilidad narrativa, cautivó a su audiencia con historias asombrosas. Narró cómo Theranos, su innovadora empresa, estaba destinada a revolucionar la industria médica. Habló de una tecnología pionera[62] que prometía transformar las pruebas de sangre. Pero había un problema: todo era una ilusión. La tecnología no cumplió lo prometido y Theranos se desveló como un fraude colosal.

Junto a su socio, Sunny Balwani, Holmes enfrentó cargos penales por fraude y conspiración. Su historia se convirtió en una advertencia sombría sobre los peligros de sacrificar la autenticidad y la verdad en aras de la persuasión. Al exagerar las capacidades de su tecnología y ocultar información crucial, Holmes no solo dañó su reputación, sino que también erosionó la confianza en toda la industria tecnológica.

Sin embargo, hay una lección valiosa en esta historia. La autenticidad y la honestidad no son solo virtudes morales; son el núcleo de un *storytelling* efectivo. Al ser auténtico, construyes credibilidad y forjas una conexión emocional con tu audiencia. Es esta autenticidad la que inspira, motiva y crea relaciones duraderas.

Cuando cuentes tus historias, hazlo con pasión y verdad. Utiliza un lenguaje que refleje quién eres, coherente con tu personalidad y estilo de comunicación. No hay nada más poderoso que una historia contada desde el corazón. Y recuerda, si intentas adoptar un estilo que no te representa, tu audiencia lo percibirá. La autenticidad es la clave para captar corazones y mentes. Así que, cuando hables, hazlo con sinceridad y deja que tu verdadera voz resuene.

Ahora es el momento de adentrarnos en un terreno del que casi nadie habla. ¿Alguna vez te has preguntado por qué ciertas historias, sin importar de dónde vengan, parecen hablarte directamente al corazón, como si estuvieran escritas justamente para ti? ¿Por qué algunas tramas nos unen a desconocidos de tierras lejanas o tiempos antiguos? La respuesta yace en el poder de lo universal, esa fuerza invisible que, más allá de las fronteras y culturas, nos conecta a todos en la esencia de la experiencia humana. Vamos a descubrirlo juntos.

El poder de lo universal

Todos hemos experimentado ese momento mágico en que, a pesar de las diferencias culturales o geográficas, una historia nos toca el alma. Ya sea la lucha épica de un héroe, un amor no correspondido o la superación de obstáculos insuperables, hay temas que son intrínsecamente humanos. Estas son las historias universales, y su poder radica en su capacidad para conectar con cualquier persona, en cualquier lugar. Las historias funcionan porque son universales y porque todos tenemos una historia que contar. Recuerda que puedes comunicar con impacto cuando tienes dos elementos clave:

Emociones básicas: Amor, alegría, tristeza, sorpresa y enojo son emociones que todos experimentamos. Por ejemplo, la

euforia del primer amor, el dolor del rechazo, o la calidez de un reencuentro. Busca esos momentos que todos, en cualquier rincón
del mundo, han sentido.

Desafíos del viaje humano. La lucha por la supervivencia, la
búsqueda de propósito, el deseo de pertenecer y la confrontación
con la mortalidad son desafíos que todos enfrentamos en algún
momento de nuestras vidas. Piensa en Santiago, el protagonista
de *El alquimista,* de Paulo Coelho. Su búsqueda de un tesoro es,
en esencia, nuestra búsqueda de propósito y significado.

En un mundo donde la comunicación efectiva es esencial
para el éxito en los negocios, las relaciones y la vida en general, las
historias universales son una herramienta poderosa. Pero ¿cómo
logramos que esas historias se graben en la memoria de quien las
escucha?

Pilares fundamentales del *storytelling* inolvidable

1. **El arte de la preparación.** Antes de deslumbrar al mundo
   con tu narrativa, sumérgete en la esencia de tu historia.
   Practica y perfecciona cada palabra, cada pausa. Invita a
   confidentes a ser tus primeros oyentes, permitiéndoles
   ofrecer retroalimentación. Asegúrate de que cada recurso
   visual que incorpores fluya con tu relato, evitando distracciones que puedan opacar tu mensaje.
2. **Pintando el lienzo mental.** No solo cuentes: transporta.
   Usa palabras que pinten escenarios, que evoquen emociones y que despierten los sentidos. Haz que tu audiencia
   sienta que está viviendo la historia contigo. Refuerza este

viaje imaginario con recursos visuales: imágenes, vídeos y gráficos. Que cada elemento visual sea un pincelazo en ese lienzo mental.

3. **El poder de la metáfora.** Las metáforas y analogías son el puente entre lo desconocido y lo familiar. Al comparar ideas con elementos que tu audiencia ya conoce no solo facilitas la comprensión, sino que también grabas tu mensaje en su memoria. Es como decir que una idea es una semilla; si se riega y cuida, crecerá y florecerá.

4. **Historias desde el corazón.** Conectar con tu audiencia va más allá de compartir datos o anécdotas. Teje una historia personal que resuene con tu tema principal. Al compartir un fragmento de tu alma, invitas a tu audiencia a un viaje emocional, creando un lazo que trasciende el escenario.

Estos no son simples consejos, pues son los cimientos sobre los cuales se construyen las historias que perduran en el tiempo, que inspiran y transforman. Al abrazar estos pilares no solo te conviertes en un narrador, sino en un artesano de relatos inolvidables.

El poder transformador del *storytelling*

En la penumbra del cuarto, solo se miraba el suave resplandor de una vela que titilaba en la esquina. El anciano maestro, rodeado de sus discípulos más cercanos, se preparaba para contar una última historia antes del anochecer. Sus ojos, surcados por las arrugas del tiempo, brillaban con la intensidad de alguien que ha vivido incontables vidas a través de sus relatos.

—Hace mucho tiempo —comenzó con voz serena—, en una aldea escondida entre montañas, vivía una joven tejedora. Era famosa no solo por la belleza de sus telas, sino también por la forma en que contaba historias mientras trabajaba. Decían que sus historias podían sanar heridas, reconciliar enemigos y traer lluvias en tiempos de sequía.

Un día, un viajero llegó a la aldea. Había oído hablar de la tejedora y quería una tela única. Pero también quería aprender el secreto de sus historias. Durante días, la observó trabajar y escuchó sus relatos. Finalmente, consiguió el coraje para preguntar:

—¿Cuál es el secreto de tus historias?

La tejedora sonrió y respondió:

—No es el hilo lo que hace especial a la tela, sino cómo se entreteje. De la misma manera, no son las palabras lo que hace especial a una historia, sino el amor, la verdad y el propósito con que se cuenta.

El maestro dejó que el silencio llenara la habitación por un momento. Luego, mirando a cada uno de los rostros jóvenes a su alrededor, concluyó:

—La verdadera magia del *storytelling* no reside en la complejidad de la trama ni en la elocuencia del narrador. Reside en la capacidad de conectar, de entretejer la esencia humana en un tapiz que refleje tanto nuestra fragilidad como nuestra grandeza. Así que, cuando cuentes tus propias historias, busca siempre esa verdad profunda, esa conexión que hace que una historia resuene en el alma mucho después de que las palabras hayan desaparecido.

Con esas palabras, el maestro apagó la vela, dejando a sus discípulos en la oscuridad, pero con sus corazones encendidos con una nueva comprensión de su oficio.

Ahora nos toca a nosotros contar nuestras historias. Y con cada una de ellas, que sea un espejo del alma, un reflejo de la verdad universal que une a todos los seres humanos. Porque es en ese reflejo donde reside la verdadera magia del *storytelling*. Con esa esperanza y promesa, te invito a seguir adelante. El viaje aún no ha terminado.

Te dejo un espacio para que anotes las principales ideas que has sacado de este capítulo:

....

....

....

....

....

5.
Comunicación verbal y no verbal

En un salón solemne, un hombre ciego se sienta, aparentemente indefenso, frente a un jurado de miradas acusadoras. La tensión es palpable y el aire está cargado con el aire denso de la expectación. El teniente coronel Slade, interpretado magistralmente por Al Pacino, no necesita ver para sentir el peso de las miradas sobre él y sobre Charlie Simms, el joven a quien defiende y se encuentra sentado a su lado. Pero nadie anticipa lo que vendría a continuación y lo que aconteció después sigue sorprendiendo a todo aquel que ve la película.

La voz de Slade irrumpe el silencio, vibrando con una pasión que parece emanar de lo más profundo de su ser. No necesita gestos grandilocuentes ni adornos visuales; su voz es suficiente. Con cada inflexión, cada pausa y cada cambio de tono, lleva a la audiencia en un viaje emocional, desafiando sus creencias y tocando sus corazones. Las palabras de Slade no son solo palabras, sino que son un reflejo de su alma, una ventana a su mundo interior. El poder que yace en la voz de Slade es una herramienta que, en sus manos, se convierte en un arma de persuasión masiva.

Esta icónica escena de *Perfume de mujer* no solo nos muestra el incomparable talento de Al Pacino, sino que es una verdadera clase magistral sobre comunicación. Más allá de las palabras que decimos, lo que realmente importa es **cómo** las decimos. La voz es el vehículo de nuestras emociones y, cuando se utiliza con maestría, puede mover montañas.

El teniente coronel Slade no solo defendió a Charlie Simms con argumentos lógicos, sino que también conectó con la audiencia a nivel emocional. Su voz, cargada de emoción y sinceridad, se convirtió en el puente que conectó dos mundos aparentemente opuestos.

Así que, si te preguntas cómo puedes maximizar el impacto de tu comunicación al igual que Slade, la respuesta está en tu voz. No subestimes el poder de una voz auténtica, apasionada y bien modulada. Es la melodía que acompaña a tus palabras y puede ser la diferencia entre ser escuchado y ser verdaderamente comprendido.

El secreto de la voz: descifrando la partitura oculta

Piensa por un momento en una orquesta: cada instrumento, con su tono y timbre únicos, contribuye a una sinfonía que puede conmover al público, transportándolo a un mundo de emociones. En la comunicación, nuestra voz actúa de manera similar. No es simplemente un medio para transmitir palabras, sino que es un conjunto complejo y armonioso de tonos, ritmos y matices. Al igual que un director **dirige** a los músicos para crear una pieza magistral, nosotros podemos aprender a «orquestar» nuestra voz, dominando y combinando sus distintas **características** para comunicar con autenticidad, poder y emoción. Antes de adentrarnos en cada aspecto específico, es crucial entender que esta orquestación es la clave para que nuestro mensaje no solo sea escuchado, sino verdaderamente sentido y comprendido.

Imagina por un momento un ecualizador, una herramienta esencial en la música que permite ajustar diferentes aspectos del sonido para crear una mezcla perfecta. De manera similar, nuestra voz tiene cinco elementos clave que podemos ajustar para mejorar la calidad y el impacto de nuestra comunicación: volumen, inflexiones, ritmo, tono y claridad. Cada uno de estos elementos actúa como un control en el ecualizador de nuestra voz, permitiéndonos elevar o disminuir su presencia según lo necesitemos.

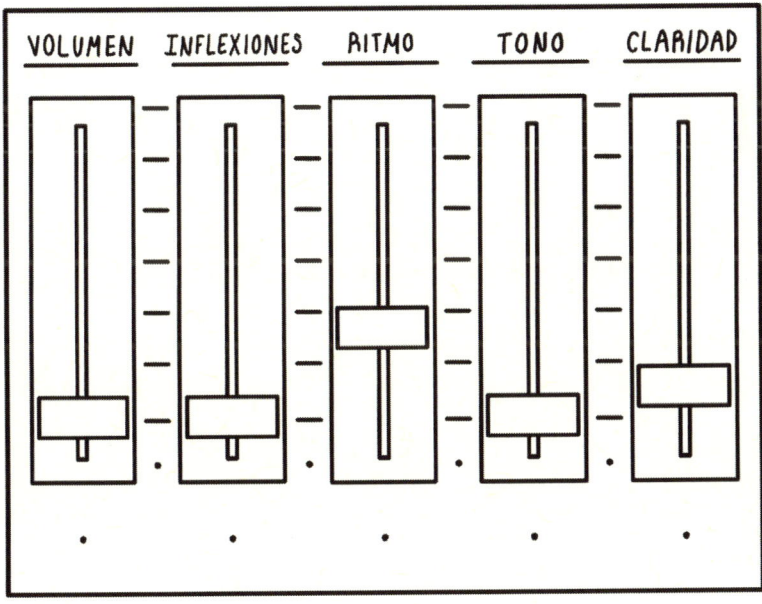

El arte de la intensidad: la magia del volumen en nuestra voz

La voz humana es un instrumento poderoso, capaz de evocar una amplia gama de emociones y respuestas en quienes escuchan. Uno de los elementos más cruciales en este arsenal es el volumen o intensidad con el que hablamos. Pero ¿cómo sabemos cuándo elevar nuestra voz y cuándo susurrar para maximizar el impacto de nuestras palabras?

Piensa en un chihuahua, ese pequeño canino con una voz sorprendentemente potente. A pesar de su tamaño, cuando ladra, su intensidad puede hacer retroceder a perros mucho más grandes. Es su forma de decir: «¡Estoy aquí, no me subestimes!». De manera similar, el teniente coronel Slade, en su defensa apasionada de Charlie, utilizó el volumen de su voz como una herramienta estratégica. Elevó su tono en momentos clave no solo para destacar puntos importantes, sino también para establecer autoridad y convicción en sus palabras.

Pero ¿cuál es el momento adecuado para elevar o disminuir nuestra voz? La respuesta radica en la intención detrás de nuestras palabras y el efecto que deseamos lograr. Si queremos enfatizar un punto, captar la atención o mostrar determinación, elevar la voz puede ser efectivo. Por otro lado, si buscamos compartir sabiduría, confidencias o crear un ambiente de reflexión, un tono más suave y calmado puede ser más apropiado.

Recuerda a Yoda, el sabio maestro *jedi* de *Star Wars*. Sus palabras, pronunciadas con un tono suave y pausado, llevan un peso de sabiduría que no necesita ser gritado. De hecho, al bajar la voz, a menudo logramos que nuestra audiencia se incline hacia nosotros, ansiosa por no perderse ni una sola palabra.

Por supuesto, no todo se trata de altos y bajos. A veces, una voz monótona, constante y calmada puede ser la herramienta perfecta, especialmente si nuestro objetivo es guiar a alguien a través de una meditación o hipnotizar con un relato envolvente.

En resumen, la intensidad con la que hablamos es una herramienta poderosa en nuestra caja de herramientas de comunicación. Al igual que un músico experto, aprender a jugar con el volumen de nuestra voz puede transformar la forma en que nos conectamos y resonamos con nuestra audiencia.

El poder de las inflexiones: más allá de las palabras

Todos recordamos al Gallo Claudio, ese icónico personaje de *Looney Tunes* con una voz inconfundible. Sus inflexiones exageradas y su tono estridente lo hacen destacar en el mundo animado. Sin embargo, en el mundo real, esas mismas inflexiones podrían no ser tan efectivas. Imagina a un líder de empresa o a un profesor universitario hablando con el mismo tono del Gallo Claudio. Probablemente no serían tomados muy en serio.

Las inflexiones, esos cambios sutiles en el tono de nuestra voz, son herramientas poderosas en nuestra comunicación. Nos permiten transmitir emociones, dar énfasis a ciertas palabras y, en general, añadir color y profundidad a lo que decimos. Es como si nuestra voz fuera una paleta de colores y las inflexiones fueran los matices que le dan vida a nuestra pintura verbal. Por ejemplo, cuando hacemos una pregunta, naturalmente elevamos el tono al final. Es una señal universal que indica curiosidad o solicitud de información. Sin embargo, si usamos ese mismo tono ascendente al hacer una afirmación, podemos sonar inseguros o dudosos. Imagina decir tu nombre con un tono interrogativo al final, como si no estuvieras seguro de quién eres. No transmite mucha confianza, ¿verdad?

Tomemos como ejemplo a la icónica Marilyn Monroe. Su voz, con sus inflexiones coquetas y tono susurrante, se convirtió en parte de su encanto y sello distintivo. En el contexto de sus películas y presentaciones, ese estilo de hablar era seductor y encantador. Sin embargo, si alguien intentara adoptar ese mismo tono en una reunión de negocios o en una conferencia académica, probablemente sería percibido como inapropiado o fuera de lugar. Las inflexiones, al igual que el vestuario o el maquillaje, deben adaptarse al escenario y al mensaje que queremos transmitir.

Las inflexiones, al igual que el vestuario o el maquillaje, deben adaptarse al escenario y al mensaje que queremos transmitir.

La danza del discurso: el ritmo detrás del verbo

¿Alguna vez has sentido la adrenalina de una carrera, el rugir de la multitud o el palpitar del corazón mientras te acercas a la línea de meta? Ahora, imagina que no eres el favorito, que todos te han subestimado desde el principio. Esta es la historia de Seabiscuit, el caballo que, contra todo pronóstico, se convirtió en un símbolo de esperanza y coraje para millones y que, en el año 1947, cuando Seabiscuit cerró sus ojos por última vez, marcó el fin de una era.

A primera vista, Seabiscuit no parecía tener nada especial. Su tamaño y apariencia no eran impresionantes, por lo que muchos lo descartaron como un competidor sin posibilidades en el mundo de las carreras de caballos. Sin embargo, detrás de esa apariencia modesta había un corazón indomable y un equipo que creía en él.

La historia de Seabiscuit no es solo la de un caballo, sino la de un equipo formado por personas marginadas por la sociedad: un *jockey* tuerto, un entrenador hosco y un millonario devastado por la vida. Juntos, se convirtieron en una fuerza imparable que inspiró a una nación entera. La prensa de la época lo describía como «Seabiscuit: la leyenda del caballo holgazán, el *jockey* tuerto, el entrenador hosco y el millonario devastado».[63] Y no se equivocaron. A pesar de todo lo que tenían en contra, Seabiscuit se convirtió en un éxito monumental en Estados Unidos y fue el protagonista de la carrera del siglo.

Pensemos en una de sus carreras más emblemáticas. La tensión en la pista es palpable. Los jinetes se ajustan en sus sillas, los caballos patean el suelo con impaciencia. Al sonido del disparo, los caballos se lanzan hacia delante. Seabiscuit, al principio, queda atrás. Pero su *jockey,* con una estrategia clara en mente, sabe cuándo acelerar y cuándo reducir la velocidad. A medida que la carrera avanza, Seabiscuit comienza a superar a sus competidores uno por uno. La multitud observa con asombro y emoción cómo este caballo, que no era el favorito, toma la delantera y cruza la línea de meta en primer lugar.

Esta carrera es una metáfora perfecta para la comunicación. Al igual que en una carrera, la velocidad y el ritmo son esenciales para captar la atención de la audiencia. Hay momentos en los que debemos acelerar para transmitir entusiasmo y energía, y otros en los que debemos desacelerar para enfatizar un punto importante o transmitir sabiduría.

Tomemos, por ejemplo, las palabras de Yoda, el sabio maestro *jedi.* Su cadencia lenta y deliberada le da peso a cada palabra, permitiendo que su mensaje se asiente en la mente del oyente. «Si creer no puedes, es por eso por lo que fallas», nos dice. Pero, al igual que en una carrera, si mantenemos un ritmo constante, corremos el riesgo de perder la atención de nuestra audiencia. Es esencial variar nuestra velocidad, adaptándola al mensaje que queremos transmitir.

En resumen, al igual que Seabiscuit y su equipo, debemos aprender a ajustar nuestro ritmo y velocidad para conectar con nuestra audiencia. Solo entonces podremos llevarlos en un viaje emocionante y memorable, dejándolos con una sensación de emoción y satisfacción.

Reveladores del sentir interno: el poder del tono de la voz

El tono o frecuencia con que hablamos puede ser tan poderoso como las palabras mismas. Es el color de nuestra voz y con él les damos vida a nuestras historias. Y, al igual que en el arte, el tono puede evocar emociones, establecer atmósferas y transmitir significados más allá de las palabras.

Piensa en la última vez que escuchaste una canción que te emocionó. No solo las letras, sino la melodía, el tono de la voz del cantante. Esa capacidad de hacerte sentir algo profundo, de transportarte a otro lugar o tiempo, es el poder del tono.

Regresemos a *El padrino*. La línea «Le voy a hacer una oferta que no podrá rechazar» no solo es icónica por su contenido, sino por cómo fue entregada. Imagina por un momento a un hombre de la mafia italiana, por ejemplo, a Vito Corleone, diciendo esa línea en un tono agudo y rápido. No tendría el mismo impacto, ¿verdad? El tono grave y lento de Marlon Brando, lleno de autoridad y amenaza, es lo que hace que esa línea sea tan memorable. Es un recordatorio de que no solo importa lo que decimos, sino cómo lo decimos.

Ahora, considera la voz de Morgan Freeman. Su tono calmado y profundo es tan distintivo que, incluso sin verlo, sabes que es él quien habla. Ha narrado innumerables películas y documentales y su tono se ha convertido en sinónimo de sabiduría y autoridad. Es un ejemplo perfecto de cómo el tono puede convertirse en una marca registrada, en algo que te distingue del resto.

Por otro lado, piensa en personajes como Dobby de *Harry Potter* o Gollum de *El señor de los anillos.* Sus voces agudas y chillonas reflejan su naturaleza y sus personalidades. Son ejemplos de cómo el tono puede ser utilizado para darle profundidad a un personaje y hacerlo más tridimensional.

Pero ¿qué significa esto para nosotros en la vida diaria? Al comunicarnos, ya sea en una presentación, en una conversación con amigos o al contar una historia, el tono puede ser nuestra herramienta más poderosa. Puede ser la diferencia entre captar la atención de alguien o perderla. Entre transmitir confianza o duda. Entre emocionar o aburrir.

Piensa en un orador motivacional. Su tono es enérgico, apasionado e inspirador. Te hace querer levantarte y actuar. Ahora, imagina a un profesor explicando un tema complejo. Su tono es calmado, claro, metódico. Te ayuda a comprender y a concentrarte.

El tono es como la música de fondo de una película. Puede intensificar una escena, darle atmósfera o cambiar completamente su significado. Y, al igual que en el cine, en la comunicación el tono es esencial para transmitir el mensaje deseado.

Así que la próxima vez que hables piensa en Vito Corleone, en Morgan Freeman, en Dobby. Piensa en la música, en las películas, en las historias que te han emocionado. Y recuerda que tu voz, tu tono, es tu instrumento. Úsalo sabiamente y podrás crear momentos tan memorables. Porque, al final del día, no solo es lo que dices, sino cómo lo dices.

Calidad de la voz: el arte de la claridad

La voz es el instrumento más personal y distintivo que poseemos. Es nuestra carta de presentación ante el mundo, el medio principal a través del cual comunicamos nuestras ideas, emociones y personalidad. Pero ¿alguna vez te has detenido a pensar en la calidad de tu voz? No me refiero a si cantas bien o mal, sino a la claridad con la que te expresas y cómo te perciben los demás al escucharte.

La claridad en la voz es esencial. Una voz clara y nítida puede transmitir confianza, autoridad y credibilidad. Por el contrario, una voz que no es clara, que es carrasposa o que tiene algún tipo de impedimento puede dificultar la comunicación y dar una impresión equivocada de quien habla.

Piensa en un locutor de radio. Su trabajo es comunicar solo a través de su voz. No tiene el apoyo de gestos faciales o lenguaje corporal. Si su voz no fuera clara, perdería rápidamente a su audiencia. La claridad es su herramienta más valiosa.

Pero, ¿qué factores afectan la claridad de nuestra voz? A continuación, te voy a mostrar cuáles son:

Salud física. Problemas como resfriados, alergias o afecciones de la garganta pueden afectar la calidad de nuestra voz. Una voz carrasposa o ronca puede ser el resultado de una irritación en las cuerdas vocales.

Hidratación. Las cuerdas vocales necesitan estar bien hidratadas para funcionar correctamente. Una falta de hidratación puede hacer que la voz suene áspera.

Técnicas de voz. La forma en que usamos nuestra voz puede afectar a su claridad. Hablar demasiado alto, demasiado bajo o no articular bien las palabras puede hacer que seamos difíciles de entender.

Hábitos perjudiciales. Fumar, beber alcohol en exceso o gritar con frecuencia pueden dañar nuestras cuerdas vocales y afectar la calidad de nuestra voz.

Emociones. Nuestro estado emocional también puede influir en cómo suena nuestra voz. El estrés, la ansiedad o la tristeza pueden hacer que nuestra voz tiemble o suene menos clara.

Afortunadamente, hay maneras de mejorar la claridad de nuestra voz. En nuestros cursos practicamos algunos ejercicios de vocalización, técnicas de respiración y cuidados básicos, como beber suficiente agua y usar estas cualidades de nuestra voz que ya hemos visto de la manera apropiada.

La voz es una herramienta poderosa. Es el medio a través del cual conectamos con los demás, compartimos nuestras ideas y mostramos quiénes somos. Cuidar de nuestra voz y asegurarnos de que sea lo más clara posible es esencial para comunicarnos eficazmente.

La voz es más que solo palabras; es un instrumento multifacético que refleja nuestra identidad y emociones. Cada cualidad, desde el volumen hasta el tono, pasando por las inflexiones y la claridad, juega un papel crucial en cómo somos percibidos y entendidos por los demás. Estas características vocales no solo transmiten el contenido de nuestro mensaje, sino también el contexto emocional y la intención detrás de él. Sin embargo, la comunicación no termina con la última palabra pronunciada. Más allá de la voz, hay un lenguaje silencioso pero poderoso: la comunicación no verbal. Esta transición nos lleva a un territorio donde los gestos, posturas y expresiones faciales se convierten en protagonistas, complementando y, a veces, contradiciendo lo que decimos con nuestras palabras. Es esencial dominar ambos aspectos para comunicarnos de manera efectiva y auténtica.

La comunicación oculta

La joven Caperucita Roja, con su inconfundible capa, se adentró en la habitación, notando un aire diferente. Al correr las cortinas, vio a su abuela en la cama, pero algo no le parecía normal. Sus ojos, usualmente amables, ahora eran grandes y rojos. Sin pensarlo dos veces, Caperucita preguntó:

—Abuela, ¿por qué tienes esos ojos tan saltones?

—Para verte mejor, mi niña —respondió el lobo con una voz que intentaba ser dulce.

—Pero ¿y esas manos tan grandes y tensas?

—Son para abrazarte mejor —replicó, ocultando su ansiedad.

—¿Y esa boca, abuela, tan grande y húmeda?

—Es para comerte mejor —y, sin más, el lobo reveló su verdadera naturaleza. Y se la tragó.

La tragedia de Caperucita no fue solo encontrarse con el lobo, sino no reconocer las señales no verbales que delataban el peligro. Las palabras pueden engañar, pero el cuerpo raramente miente. En este cuento, el lenguaje corporal del lobo gritaba sus intenciones, pero Caperucita no supo interpretarlo.

Esta narrativa no es solo una fábula, es una lección vital. El lenguaje no verbal puede ser la diferencia entre percibir un peligro o una oportunidad. No solo nos protege de amenazas, sino que también nos permite conectar, comprender y prosperar en nuestras relaciones. Es una herramienta poderosa para la empatía, la persuasión y el liderazgo. Así que, más allá de las palabras, es esencial afinar nuestra percepción y aprender a escuchar lo que no se dice, pero sí se muestra.

La sinfonía del cuerpo

Reflexionemos sobre la historia de Caperucita. Aunque las palabras del lobo intentaban ser reconfortantes, su lenguaje corporal gritaba una verdad diferente. Era una danza de intenciones ocultas, una melodía de peligro que Caperucita no supo interpretar. Esta fábula nos enseña que, más allá de las palabras, nuestro cuerpo comunica mensajes profundos y, a menudo, más honestos.

El lenguaje corporal es una orquesta de movimientos y posturas, algunos deliberados, otros involuntarios, que revelan nuestros sentimientos, pensamientos y creencias. Aunque el lobo intentó disfrazarse, su cuerpo cantaba una canción de depredador.

Para descifrar esta sinfonía del cuerpo, consideremos seis instrumentos clave:

1. **Descifrando la sinfonía del cuerpo.** En un mundo donde las palabras a menudo se pierden en el viento, existe un lenguaje que resuena en el silencio, un lenguaje que todos hablamos, pero que pocos entienden realmente. Es la danza silente del alma, la sinfonía del cuerpo que se manifiesta en cada gesto, mirada y movimiento.

2. **El rostro hablante.** Un ejemplo de esto es el misterio de la *Mona Lisa*. ¿Alguna vez te has preguntado por qué la sonrisa de la *Mona Lisa* ha cautivado a generaciones? Es la magia de las expresiones faciales, ese enigma que revela y oculta emociones en un juego de sombras y luces. Al igual que el lobo de nuestra historia, que con una mirada hambrienta desveló sus oscuros deseos.

3. **Movimientos expresivos.** Un ejemplo de esto es el baile de James Bond. Imagina la elegancia y confianza con la que James Bond entra en una habitación. Cada paso, cada gesto, es una declaración de intenciones. Así como el lobo, cuyas

garras tensas y dientes al descubierto eran un preludio de su próximo movimiento.

4. **Espacio personal.** Aquí podemos usar como ejemplo el tango de la intimidad. Dos bailarines en una pista, acercándose, alejándose, en un tango de pasión y deseo. Así es nuestro espacio personal, una danza constante de acercamientos y distancias. El lobo, con su sigiloso avance hacia Caperucita, nos mostró la tensión de cruzar esa línea invisible.

5. **Vínculo visual.** Recuerda la intensidad con la que Steve Jobs presentaba al mundo sus innovaciones. Esa mirada que decía más que mil palabras, que atrapaba y no soltaba. El lobo, con sus ojos fijos en su presa, nos enseñó el poder de una mirada.

6. **Alquimia del cuerpo.** Observa a un bailarín en el escenario, contando historias sin decir una palabra y transformando emociones en movimientos. El lobo, en su postura depredadora, nos mostró esa misma alquimia, esa transformación mágica de deseo en acción.

Este es el lenguaje que todos llevamos dentro. Es el arte de la comunicación no verbal, una habilidad que, una vez dominada, nos abre las puertas a los secretos más profundos del alma.

Antes de sumergirnos en la majestuosa sinfonía del cuerpo, en la que cada gesto y mirada funciona como una nota en una partitura, es esencial desentrañar algunos misterios fundamentales.

¿Has oído hablar de las reveladoras observaciones de Mehrabian sobre el lenguaje no verbal? ¿O alguna vez te has preguntado si esa intuición femenina que tan a menudo se menciona no es más que una aguda percepción del lenguaje corporal? Y, en medio de estas reflexiones, nos enfrentamos a una pregunta aún más profunda: ¿es esta habilidad innata o es un arte que se aprende con el tiempo?

El susurro silente del cuerpo: la revelación de Mehrabian

En el vasto mundo de la comunicación humana, una frase resuena con fuerza: «No es lo que dices, sino cómo lo dices». Albert Mehrabian,[64] un explorador audaz de los matices no verbales, nos llevó a un viaje revelador. ¿Sus hallazgos? Un asombroso 55 % de nuestra comunicación se canaliza a través de la danza silente de nuestro cuerpo, un 38 % se esconde en las inflexiones de nuestra voz y apenas un 7 % reside en las palabras que elegimos.

Pero hay una trampa. Estas cifras cobran vida principalmente cuando transmitimos emociones, cuando nuestra alma intenta hablar. Imagina esto: una persona proclama confianza con sus palabras, pero su postura encorvada y mirada esquiva cuentan una historia diferente. ¿A quién creerías? El cuerpo, con su honestidad brutal, siempre prevalece.

Los gestos, esos movimientos sutiles y a menudo inadvertidos, son poderosos aliados. McNeill,[65] tras una década de meticulosa investigación, nos muestra que nuestros gestos no solo acompañan nuestras palabras, sino que también moldean nuestros pensamientos. Son el puente entre el mundo interno y externo, traduciendo imágenes mentales en visiones tangibles, comunicando lo que las palabras a menudo no pueden.

Considera lo siguiente: nuestras manos, como actrices consumadas, a menudo revelan la magnitud de los dilemas que enfrentamos. Sin embargo, en ocasiones, hay una desconexión. Piensa en un político que minimiza un desafío mientras sus manos, extendidas ampliamente, sugieren un problema de proporciones épicas. La clave no es la simulación, sino la autenticidad y la conciencia. Es un llamado a sintonizar cada parte de nosotros mismos, a comunicar con integridad y pasión.

El enigma de la intuición femenina

¿Acaso las mujeres poseen un sexto sentido, esa misteriosa intuición femenina de la que tanto se habla? La respuesta podría sorprenderte. Allan y Barbara Pease,[66] expertos en comunicación, sugieren que el secreto de las mujeres no radica en alguna habilidad mística, sino en su aguda habilidad para descifrar el lenguaje corporal.

Las imágenes de resonancia magnética (IRM) revelan un fascinante panorama: las mujeres tienen entre catorce a dieciséis áreas cerebrales dedicadas a evaluar el comportamiento humano, mientras que los hombres cuentan con apenas cuatro o seis. Esta diferencia cerebral podría ser la responsable de ciertas percepciones. Desde la perspectiva femenina, los hombres parecen ser de pocas palabras, casi como si guardaran silencio. Mientras que, desde el prisma masculino, las mujeres parecen ser un torrente incesante de palabras y emociones.

Piensa en una reunión social: las mujeres, con su radar afinado, a menudo detectan las sutilezas no dichas. Saben, casi instintivamente, que Juan está enamorado de Ana o que ciertos romances clandestinos están floreciendo. No es magia, es una percepción aguda. Las mujeres, armadas con esta habilidad innata, se convierten en maestras del lenguaje no verbal, captando y comunicando matices que a menudo pasan desapercibidos para otros.

El arte de la adivinación: más allá de la magia

¿Alguna vez has sentido un escalofrío recorriendo tu espina dorsal al escuchar a un adivino revelar secretos que solo tú conocías? No estás solo. Muchos se han sentido cautivados por individuos que parecen tener un acceso directo a dimensiones ocultas, capaces de desvelar verdades escondidas. Pero ¿qué hay detrás de este velo de misterio?

No necesitas un cristal mágico ni conjuros ancestrales para convertirte en un «adivino». La realidad es que muchos de estos videntes utilizan una técnica astuta y altamente efectiva conocida como lectura en frío.[67] Con una precisión asombrosa, que puede alcanzar hasta el 80%, estos expertos pueden «adivinar» detalles íntimos sobre completos desconocidos. Pero, lejos de ser un don sobrenatural, esta habilidad se basa en la observación meticulosa de las señales corporales, un profundo entendimiento de la psicología humana y un juego de probabilidades.

Allan y Barbara Pease arrojan luz sobre este enigma, explicando que la lectura en frío es una técnica empleada por muchos psíquicos, astrólogos y lectores de tarot. Lo fascinante es que muchos de estos adivinos ni siquiera son conscientes de su habilidad innata para interpretar señales no verbales. Se sumergen tanto en su papel que llegan a creer en sus propias «habilidades psíquicas». Añade a la mezcla un mazo de tarot, una bola de cristal y un poco de dramatización y tendrás el escenario perfecto para una actuación que podría convencer incluso al más escéptico.

La clave de su éxito radica en su capacidad para interpretar las reacciones de las personas a sus declaraciones y preguntas y en la información que obtienen simplemente observando a su interlocutor. Y aquí viene un dato curioso: la mayoría de estos «psíquicos» son mujeres. ¿La razón? Las mujeres, como se mencionó anteriormente, tienen una estructura cerebral que les permite interpretar con mayor facilidad las señales corporales y emociones de los demás.

Lejos de ser un simple truco, el lenguaje no verbal es una herramienta poderosa que enriquece y complementa nuestra comunicación. Nos permite transmitir emociones, actitudes y potenciar nuestra capacidad de persuasión e influencia. Es un recordatorio de que, a veces, lo que no se dice es tan importante como lo que se expresa con palabras.

El lenguaje corporal: ¿innato o aprendido?

Desde el momento en que nacemos, nuestro cuerpo comienza a «hablar». Los recién nacidos, con su limitada capacidad de comunicación verbal, se expresan a través de gestos simples: un movimiento de brazos, una sonrisa incipiente o un ceño fruncido. Estas manifestaciones tempranas no son meras coincidencias; son herramientas innatas que los bebés utilizan para comunicar sus necesidades y sentimientos.

A medida que observamos diversas culturas alrededor del mundo, encontramos patrones universales en el lenguaje corporal. Desde la dirección de nuestra mirada hasta las sutiles expresiones faciales, hay ciertos gestos que trascienden fronteras y tradiciones. Esto nos lleva a reflexionar sobre la posibilidad de que algunos aspectos del lenguaje no verbal estén arraigados en nuestra biología y evolución.

Piensa en un perro con los dientes al descubierto, cuerpo tenso, ojos desorbitados y una mirada penetrante. ¿Qué mensaje te transmite? Es una imagen que evoca al temido lobo feroz de los cuentos y nos indica que el animal podría estar listo para atacar. De manera similar, cuando nos irritamos, es común que mostremos los dientes al hablar y estemos más tensos. Es una reacción que, aunque sutil, revela nuestro estado emocional.

Observa a un bebé que rechaza su leche. Es probable que gire la cabeza, evitando el biberón. Y si insistes podría mover la cabeza de un lado a otro en señal de negación. Sin palabras, el bebé te está comunicando claramente su deseo. Incluso en el reino animal, hay gestos que denotan intenciones claras. Por ejemplo, cuando un animal se prepara para atacar, es común que dilate las fosas nasales, permitiendo una mayor entrada de oxígeno. Es un lenguaje corporal innato, una respuesta preparada para la acción.

Sin embargo, aunque nacemos con ciertas predisposiciones en nuestro lenguaje corporal, no todo es instintivo. A medida que crecemos y nos desarrollamos, también aprendemos y adaptamos nuevas formas de expresarnos a través de nuestro cuerpo.

Si bien es cierto que nacemos con ciertas predisposiciones en nuestro lenguaje corporal, no podemos ignorar el poderoso papel que juega el entorno en su desarrollo. A medida que avanzamos en la vida, nuestra interacción con la sociedad y la cultura nos enseña a interpretar y adaptar nuestras señales no verbales. Estas lecciones, adquiridas a través de la observación y la experiencia, nos permiten comunicarnos de manera más matizada y sofisticada. Por ejemplo, considera el simple acto de quedarte parado con las manos en los bolsillos. En ciertos contextos, puede ser interpretado como una señal de confianza y seguridad en uno mismo. Sin embargo, en otros escenarios, podría ser visto como un signo de desinterés o incluso de falta de respeto.

Decodificar el lenguaje corporal no es una tarea sencilla. Factores como la cultura, el entorno, el contexto, la edad y el género pueden influir en cómo interpretamos un gesto o una postura. Sin embargo, hay un principio universal que puede guiarnos en nuestra comunicación: la autenticidad. Hablar con honestidad y coherencia, donde nuestras palabras y gestos estén en sintonía, es esencial para una comunicación efectiva.

¿Es posible fingir el lenguaje corporal? Claro que sí. Pero hacerlo es agotador y, a menudo, contraproducente. Es como intentar mantener una pelota sumergida en el agua; por mucho que lo intentes, eventualmente saldrá a la superficie.

Los adivinos, con su habilidad para «leer» a las personas, nos ofrecen una lección valiosa. Antes de sumergirnos en las técnicas avanzadas de comunicación, es esencial recordar dos principios fundamentales:

1. Es vital considerar el lenguaje corporal en su conjunto, no centrarse únicamente en un gesto aislado.

2. Cada movimiento o postura es como una palabra en un libro; su significado puede variar según el contexto. Por lo tanto, es crucial escuchar la historia completa que el cuerpo está contando.

Al final del día, el lenguaje corporal es una herramienta poderosa, pero su verdadero poder radica en su autenticidad y coherencia.

La sinfonía de cinco elementos clave al hablar en público

1. El rostro hablante

En una ciudad llena de luces brillantes y rascacielos, una mujer se encontraba en la penumbra de una habitación de hotel, envuelta en mantas, con el peso del desprecio y la humillación aplastando su espíritu. Había caminado por las calles, entrando en tiendas de lujo, esperando ser tratada como cualquier otro cliente. Sin embargo, su apariencia poco refinada la convirtió en blanco de miradas despectivas y comentarios condescendientes. Esa noche, Vivian, la mujer con el corazón roto, solo quería desaparecer entre las sábanas.

Pero el destino tenía otros planes para ella. Edward, un hombre que había visto más allá de las apariencias y había encontrado un alma gemela en Vivian, decidió cambiar el rumbo de esa noche.

Tomando su mano, la llevó de regreso a esas mismas tiendas. Y lo que sucedió a continuación fue mágico. Los mismos empleados que la habían despreciado ahora la trataban como a la realeza, pues Edward iba a gastar una cantidad obscena de dinero en todo lo que ella quisiera.

Al salir de las tiendas, con bolsas llenas de elegantes vestidos y joyas, Vivian caminó por las calles con una confianza renovada. Pero no era su nueva ropa o su andar lo que atraía las miradas de todos. Era un gesto simple pero poderoso que irradiaba desde su rostro y capturaba la esencia de su triunfo y transformación. Llevaba una sonrisa. Es una escena que se ha convertido en una de las imágenes más icónicas y se ha utilizado en numerosas ocasiones como símbolo de empoderamiento y fuerza de las mujeres.

Esa escena, tomada de la icónica película *Pretty Woman*, es un testimonio del poder de un gesto que todos llevamos dentro, pero que a menudo olvidamos usar. No es solo una curva en los labios o el mostrar los dientes. Es un reflejo del alma, un símbolo de resistencia, empoderamiento y autenticidad. La sonrisa de Julia Roberts en esa película no solo iluminó la pantalla, sino que también iluminó los corazones de millones de personas, recordándonos que, sin importar las circunstancias, todos merecemos ser vistos, escuchados y valorados.

El poder oculto de una sonrisa

En un mundo lleno de palabras, gestos y miradas, hay un lenguaje que trasciende fronteras, culturas y edades. Es un lenguaje que todos entendemos, pero que a menudo subestimamos: la sonrisa. Es ese gesto simple pero poderoso que puede cambiar la atmósfera de una habitación, transformar un momento incómodo en uno amigable y convertir a un extraño en un amigo.

La sonrisa es más que una simple curvatura de los labios. Es un símbolo universal de felicidad, una señal que enviamos al mundo para decir: «Estoy bien y tú también lo estarás a mi lado». Es una invitación a la confianza, una petición silenciosa de aceptación. Pero ¿sabías que la sonrisa también tiene el poder de ser contagiosa? La ciencia nos dice que existen neuronas espejo en nuestro cerebro que nos hacen imitar las emociones que vemos en otros. Así que, cuando ves a alguien sonreír, es probable que, sin darte cuenta, estés devolviendo esa sonrisa. ¿Has notado cómo una risa puede desencadenar una cadena de risas en una sala? Es el poder magnético de la sonrisa en acción.

Y si hablamos de sonrisas icónicas no podemos dejar de mencionar a la familia Obama. En el 2012, cuando Barack Obama fue reelegido como presidente de Estados Unidos, toda su familia salió al escenario con sonrisas radiantes.[68] No eran solo sonrisas de victoria, sino sonrisas que conectaban, que decían «estamos juntos en esto». Esa conexión emocional es lo que hace que una sonrisa sea tan poderosa.

Pero la sonrisa no solo tiene beneficios sociales. También tiene un impacto profundo en nuestra salud y bienestar. Al sonreír, liberamos endorfinas, las hormonas de la felicidad, que pueden mejorar nuestro estado de ánimo y reducir la ansiedad. De hecho, sonreír puede ser un bálsamo para el estrés, ayudándonos a recuperarnos más rápidamente de situaciones tensas y a mantener nuestro corazón en calma.[69]

Así que la próxima vez que te encuentres en una situación desafiante, ya sea dando un discurso en público o enfrentando un día difícil, recuerda el poder de una sonrisa. No solo te ayudará a conectarte con los demás, sino que también será tu aliado para enfrentar el mundo con confianza y optimismo. Porque una sonrisa es mucho más que un gesto: es una herramienta poderosa de comunicación y bienestar.

Pero si piensas que la sonrisa es el único gesto facial poderoso, estás a punto de descubrir un universo de expresiones que han hecho más que solo transmitir emociones; han transformado vidas.

El rostro: el lienzo de las emociones

Recuerda la imagen por un momento de un hombre común, de origen humilde, escribiendo un cheque imaginario para sí mismo por diez millones de dólares. Aunque parezca una fantasía, este hombre llevó ese cheque en su cartera, convencido de que algún día se convertiría en realidad. Y así fue. En 1995, ese hombre firmó un contrato para una película que materializó ese sueño.

Jim Carrey no es solo un actor, es un maestro de la expresión facial. En películas como *La máscara,* nos lleva en un viaje emocional a través de su rostro, mostrándonos alegría, sorpresa, ira y miedo. En *El Grinch,* su habilidad para transformar su rostro y transmitir la esencia del personaje es simplemente magistral. Pero más allá de sus personajes, lo que Carrey nos enseña es que cada emoción tiene su propia expresión y que, a través de nuestro rostro, podemos comunicarnos de una forma muy poderosa.

Entonces, ¿cuál es el secreto para comunicar con impacto a través de nuestro rostro? Aquí te dejo tres puntos clave:

Presentación. La forma en que presentamos la información es crucial. Nuestro rostro puede hacer que un mensaje sea más atractivo y memorable. Las emociones y sentimientos que transmitimos pueden ser tan impactantes como las palabras que decimos.

Práctica. La habilidad para comunicar emociones no es innata, se desarrolla con el tiempo. Jim Carrey no se convirtió en el actor que es de la noche a la mañana. Con práctica y dedicación, podemos aprender a conectar con nuestra audiencia a través de nuestras expresiones faciales.

Autenticidad. Ser auténtico y natural es esencial. Si bien podemos inspirarnos en otros, es vital encontrar nuestra propia voz y estilo. Jim Carrey es conocido por tener una personalidad y un estilo de actuación únicos. Del mismo modo, cada uno de nosotros tiene una esencia única que puede brillar a través de nuestra comunicación.

En resumen, nuestro rostro es una herramienta poderosa de comunicación. A través de él, podemos transmitir emociones, contar historias y conectar con los demás de maneras que las palabras solas no pueden lograr. Así que la próxima vez que quieras comunicar algo, recuerda: tu rostro habla, ¡déjalo contar la historia!

2. Movimientos expresivos: el lenguaje oculto de las manos

Las manos, esas herramientas esenciales del artesano, son más que simples extremidades. Son, de hecho, la parte del cuerpo con la mayor cantidad de conexiones cerebrales. Esta relación simbiótica entre manos y cerebro es tan profunda que cada movimiento, cada gesto, es el resultado de una conversación constante entre ambos. Cuando hablamos, nuestras manos son las primeras en moverse, casi como si estuvieran traduciendo nuestras palabras en un lenguaje visual. Y cuando queremos mejorar el aprendizaje, involucramos actividades manuales, como escribir o levantar la mano, para aprovechar esta conexión innata.

De manera inconsciente, hemos aprendido a «escuchar» estos movimientos expresivos. Algunos conocedores de este poder manipulan artificialmente sus manos para persuadir o transmitir un mensaje que quizá no sea del todo sincero. Sin embargo, cuando se utilizan auténticamente, las manos pueden amplificar nuestro mensaje y revelar una comunicación oculta que a menudo pasa desapercibida.

Tendiendo puentes con nuestros gestos

Los puentes, esas majestuosas estructuras que conectan dos orillas, son símbolos de conexión y cooperación. Al igual que el puente de la amistad entre China y Corea del Norte es un acuerdo de comercio construido en tiempos de guerra, un saludo es un puente entre dos personas. Es un acuerdo tácito, una forma de establecer una conexión inicial. A través de un saludo transmitimos una variedad de sentimientos, actitudes y mensajes. Es crucial ser consciente de cómo se da y se recibe un saludo en diferentes contextos y culturas para evitar malentendidos.

Saludamos constantemente y, con cada saludo, comunicamos una gama de emociones, desde dominio y poder hasta respeto y sumisión. Un saludo firme y seguro, combinado con otros elementos de la sinfonía del cuerpo, como la mirada directa a los ojos y una sonrisa genuina, puede transmitir confianza y credibilidad.

En resumen, nuestras manos y gestos son una extensión de nuestro ser, una forma de comunicarnos sin palabras. Al ser conscientes de este lenguaje oculto, podemos mejorar nuestra comunicación y conectar de manera más profunda y auténtica con los demás. Y, al igual que un mago que revela un truco, hay un acto simple pero poderoso que puede potenciar aún más nuestra capacidad comunicativa.

Enseñar las manos: el lenguaje silente de la confianza

Las manos, esas herramientas versátiles que nos permiten crear, tocar y sentir, también son poderosos instrumentos de comunicación. A través de ellas transmitimos una amplia gama de emociones y mensajes, a menudo sin ni siquiera darnos cuenta.

Las palmas abiertas son un símbolo universal de sinceridad, honestidad y apertura. Cuando presentamos con las palmas hacia arriba, estamos enviando un mensaje subliminal de confianza y transparencia. En el contexto de una negociación, puede indicar una disposición genuina para llegar a un acuerdo. Y en situaciones personales puede ser una señal de arrepentimiento y deseo de reconciliación.

Por otro lado, los puños cerrados evocan imágenes de defensa y agresión. Piensa en los gestos amenazantes de primates como chimpancés o gorilas, que cierran los puños listos para atacar. Estas respuestas instintivas de supervivencia también están arraigadas en nosotros. A lo largo de la historia, las manos abiertas han sido vistas como un signo de paz y confianza, una señal de que no portamos armas ni intenciones maliciosas.

Un ejemplo ilustrativo es el juramento en las Cortes estadounidenses. Cuando un testigo jura decir la verdad no solo es importante lo que dice, sino cómo lo dice. La mano abierta sobre el pecho o la Biblia, y la otra mostrada al jurado, es una poderosa señal visual de sinceridad y compromiso con la verdad.

En la vida cotidiana, las manos también desempeñan un papel crucial en la comunicación. Los niños, por ejemplo, a menudo esconden sus manos detrás de la espalda cuando sienten que han hecho algo malo. Los políticos, conscientes del poder del lenguaje no verbal, a menudo levantan y muestran sus manos para proyectar una imagen de honestidad y apertura.

En conclusión, mientras que las palabras son esenciales para la comunicación, las manos pueden amplificar, reforzar o incluso contradecir el mensaje verbal. Al ser conscientes de cómo usamos nuestras manos y de lo que comunican, podemos mejorar nuestra capacidad para conectar con los demás y transmitir nuestros mensajes con claridad y autenticidad. Así que, la próxima vez que hables, recuerda: tus manos tienen una historia que contar.

Los tres gestos con palmas que potencian tu comunicación

La comunicación no verbal es una herramienta poderosa que, cuando se utiliza correctamente, puede potenciar y complementar nuestro mensaje verbal. Las manos, en particular, juegan un papel crucial en este lenguaje silente. A continuación, exploraremos tres gestos esenciales con las palmas que pueden transformar la forma en que te comunicas al hablar en público:

Palmas hacia arriba. Este gesto es sinónimo de apertura, aceptación y bienvenida. Cuando extendemos nuestras manos con las palmas hacia arriba, estamos invitando a la otra persona a compartir, a participar. En el contexto de una presentación o discusión, si invitamos a alguien a hablar o dar su opinión, mostrar las palmas hacia arriba es una señal clara de que valoramos y acogemos su contribución.

Palmas hacia abajo. En contraste con el gesto anterior, mostrar las palmas hacia abajo sugiere control, autoridad y, en ocasiones, negación. No es necesariamente un gesto negativo, sino que puede ser una forma de establecer límites o de guiar a un grupo. Por ejemplo, en una multitud ruidosa, un líder podría usar este gesto para pedir silencio y atención. Sin embargo, es esencial ser consciente del contexto y de cómo puede ser percibido por los demás.

Señalar con el dedo y la mano en un puño. Aunque a menudo se ve como un gesto agresivo y de confrontación, ha sido utilizado por líderes carismáticos para enfatizar y reforzar su mensaje. Un ejemplo icónico es Martin Luther King Jr., quien, al hablar sobre la no violencia, utilizó este gesto para subrayar su desacuerdo con ciertas actitudes, sin dirigirse directamente a su audiencia. Era una forma de rechazar una idea, no a las personas presentes.[70]

Estos gestos, aunque simples, tienen el poder de añadir profundidad y dimensión a nuestra comunicación. Al ser conscientes de ellos y utilizarlos de manera estratégica, podemos mejorar nuestra capacidad para conectar con los demás y hacer que nuestro mensaje resuene con mayor fuerza. La próxima vez que te encuentres en una situación de comunicación, ya sea una presentación, negociación o entrevista, recuerda la importancia de tus manos y cómo pueden ayudarte a transmitir tu mensaje de manera efectiva.

Brazos: la expresión silente de nuestras emociones

Los brazos, a menudo pasados por alto en comparación con el rostro o las manos, son fundamentales en el lenguaje no verbal. Su capacidad para moverse, abrirse, cerrarse y cruzarse les otorga un lenguaje propio, capaz de transmitir una amplia gama de emociones y actitudes.

1. **Abrazo de reencuentro.** Imagina reencontrarte con un ser querido tras una larga separación. Sin palabras, tus brazos se abren, listos para envolver a esa persona en un cálido abrazo. Este gesto, tan natural y universal, comunica alegría, afecto y cercanía.

2. **Brazos cruzados.** Contrasta esa imagen con una discusión con alguien cercano. Aunque tus palabras puedan ser conciliatorias, cruzar los brazos puede transmitir resistencia o ponerse a la defensiva. Es una postura que, en muchas culturas, sugiere una actitud cerrada o de rechazo.

3. **Apertura y cierre.** Al igual que una puerta, nuestros brazos pueden abrirse para recibir o cerrarse para proteger. Cuando estamos abiertos a nuevas ideas o dispuestos a es-

cuchar, nuestros brazos tienden a reflejar esa apertura. Por el contrario, cuando nos sentimos amenazados o inseguros, es común que los brazos se cierren o se crucen, como una barrera protectora.

4. **La conexión entre mente y cuerpo.** Nuestro cuerpo responde a nuestras emociones y pensamientos. Si estamos nerviosos, nuestros movimientos pueden ser rígidos o torpes. Si estamos relajados y confiados, nuestros gestos serán más fluidos y naturales. Ser consciente de esta conexión puede ayudarnos a mejorar nuestra comunicación no verbal.

En conclusión, nuestros brazos, aunque silenciosos, tienen mucho que decir. Al ser conscientes de cómo los usamos y de los mensajes que envían, podemos potenciar nuestra comunicación, logrando que sea más auténtica, clara y efectiva. La próxima vez que te encuentres en una conversación o presentación, recuerda la importancia de tus brazos y cómo pueden ayudarte a conectar de manera más profunda con tu audiencia.

3. El baile del espacio personal

En un mundo donde cada centímetro cuenta, el espacio que nos rodea se convierte en un escenario silente de nuestras emociones y necesidades más profundas. Piensa por un momento en una ciudad abarrotada, donde las personas se aprietan unas contra otras, buscando un respiro. En este escenario, Edward T. Hall,[71] un observador perspicaz, nos advierte sobre los peligros invisibles del hacinamiento.

Hall nos lleva de la mano a través de un estudio sorprendente. En él, las zarigüeyas, esos pequeños marsupiales, se convierten en el espejo de nuestra sociedad. Al reducir su espacio, comienzan a mostrar signos de estrés, enfermedad e incluso, en casos extremos, llegan a la autodestrucción. Hall nos relata con angustia cómo estos animales, al verse privados de su espacio vital, se enferman, evitan el apareamiento y, en un giro oscuro, se sumergen en actos de violencia. Un caso particularmente perturbador es el de varios machos atacando a una hembra, un comportamiento completamente anómalo. La sobrepoblación genera estrés, según sugiere Edward T. Hall.

Pero ¿qué nos dice esto sobre nosotros, los seres humanos? Al igual que las zarigüeyas, también somos criaturas del espacio. La distancia entre nosotros no es solo física, sino también emocional y psicológica. Hall nos revela que esta distancia es una «dimensión oculta» y que al comprenderla podemos mejorar nuestra comunicación y bienestar.

La cercanía puede ser un arma de doble filo. Por un lado, puede generar una conexión íntima y profunda, pero, por otro, puede hacernos sentir vulnerables o amenazados. Imagina a un desconocido acercándose demasiado a ti, ¿cómo te sentirías?

El espacio también juega un papel en la percepción de poder. Una persona que invade tu espacio personal puede ser vista como dominante, mientras que mantenerse a distancia puede interpretarse como sumisión. Pero, como todo en la vida, el contexto es clave.

Para navegar este complejo baile del espacio personal, nos va a ayudar el identificar las cuatro zonas de proximidad. Estas zonas, influenciadas por factores como la cultura, la edad y el género, nos brindan una hoja de ruta para comunicarnos de manera más efectiva y auténtica.

Zonas de proximidad

Distancia íntima. Esta es la zona más cercana y personal que existe en nuestras interacciones humanas, abarcando desde el contacto directo hasta los cuarenta y cinco centímetros. Es el espacio reservado para las personas más cercanas a nosotros: familiares, amigos íntimos y parejas. Es el rango en el que puedes sentir el aliento de la otra persona, escuchar el susurro más suave y notar cada pequeño detalle de su rostro.

Si estás en una reunión y un colega, con el que no tienes mucha confianza, decide acercarse a ti dentro de esta distancia, probablemente te sentirías como si un elefante decidiera sentarse en tu regazo mientras estás en un sofá. ¡Incomodidad garantizada! Es por eso por lo que es crucial ser consciente de las señales no verbales de la otra persona. Si ves que alguien retrocede o ajusta su postura es probable que te estés acercando demasiado.

Un ejemplo ilustrativo de esto podría ser pensar en dos gatos. Uno de ellos intenta acercarse al otro para jugar, pero el otro gato, que estaba disfrutando de una siesta tranquila, se sobresalta y salta como si hubiera visto un pepino. —¡Sí, hay vídeos sobre gatos asustados por pepinos!—. Esa es la reacción que queremos evitar en nuestras interacciones humanas.

En una escena del documental de Tony Robbins *No soy tu gurú,* que se encuentra disponible en Netflix, este se acerca tanto a una participante que ella retrocede instintivamente, como si una fuerza invisible la repeliera. Eso sucede porque ha salido de la distancia personal pasando a la distancia íntima.

Distancia personal. Esta es una de las zonas más cruciales en nuestras interacciones diarias y se extiende desde los cuarenta y cinco hasta los ciento veinte centímetros. Es el espacio que, por instinto, mantenemos en situaciones como reuniones laborales, charlas con conocidos o incluso en fiestas. Es una distancia que, aunque puede parecer trivial, tiene un impacto profundo en cómo nos perciben y cómo percibimos a los demás.

Cuando estás en una presentación ante un grupo de diez a cincuenta personas, a veces, si te acercas demasiado a alguien, podrías hacerle sentir incómodo, pero si te mantienes demasiado lejos podrías parecer distante o desinteresado. Es un equilibrio delicado que, cuando se maneja correctamente, puede mejorar significativamente la calidad de nuestras interacciones.

Un incidente que me hizo entender la importancia del espacio personal ocurrió durante un vuelo a la India. Al llegar a la fila para abordar el avión, todo parecía normal... hasta que sentí una presencia *demasiado* cercana en mi espalda. Era como si hubieran confundido mi suéter con el respaldo del avión. Instintivamente, di un paso adelante para recuperar un poco de oxígeno —y dignidad—, pero la persona india detrás de mí avanzó en perfecta sincronía, como si estuviéramos bailando un tango improvisado en plena fila de espera. Este «baile» se prolongó hasta que ya no había más espacio para moverme, ya estaba pegado al de enfrente de la fila. Miré a mi alrededor y noté que todos, en su mayoría indios, estaban pegados, formando una masa compacta. La percepción del espacio personal en la India, claramente, era distinta a la mía.

Este incidente me hizo reflexionar sobre cómo nuestras nociones de espacio personal pueden influir en nuestra capacidad para comunicarnos. Si esa persona detrás de mí hubiera intentado entablar una conversación, me habría sido difícil prestarle atención, ya que me sentía invadido por su proximidad. La distancia personal no es solo un concepto abstracto, es una herramienta poderosa que, cuando se comprende y se utiliza adecuadamente, puede mejorar nuestras relaciones y nuestra capacidad para comunicarnos.

Distancia social. Esta es la distancia que se encuentra entre los ciento veinte y los trescientos sesenta centímetros y es como esa zona segura en la que te encuentras cuando ves a alguien que conoces en el supermercado, pero no lo suficientemente bien como para iniciar una conversación. Así que, en lugar de acercarte, optas por hacer ese gesto de saludo con la cabeza desde lejos, esperando que no te haya visto antes de que pudieras esconderte detrás del estante de las sandías.

Es la distancia ideal para reuniones formales, conferencias y charlas a grupos medianos o grandes. Imagina que estás en una boda y el tío Pepe, ese que siempre cuenta las mismas anécdotas de su juventud, intenta acercarse para contarte esa historia por enésima vez. La distancia social es tu salvavidas en ese momento, manteniéndote lo suficientemente lejos como para asentir y sonreír, pero no tan cerca como para quedar atrapado en una conversación de una hora.

Un ejemplo cinematográfico de cómo se utiliza esta distancia se puede ver en la película *La red social*. Mark Zuckerberg, interpretado por Jesse Eisenberg, está en una tensa reunión en una mesa ovalada y es acusado de robar la idea de Facebook. Si observas detenidamente, la disposición de las personas alrededor de la mesa es un juego de distancias. Los que lo apoyan están más cerca, en una distancia personal, mientras que sus acusadores mantienen una distancia social, como si estuvieran en un duelo del viejo Oeste esperando a quién desenfunda primero. Esta disposición no solo crea una atmósfera de tensión, sino que también proyecta una imagen de confianza y profesionalismo por parte del personaje de Zuckerberg.

Distancia pública. Esta es la distancia que supera los trescientos sesenta centímetros y es básicamente esa zona en la que te encuentras cuando estás en un concierto y el cantante principal señala al público y todos piensan que les está señalando a ellos directamente. Pero, seamos honestos, probablemente esté señalando a la salida de emergencia porque olvidó dónde estaba.

También es la distancia que experimentas cuando estás en una conferencia y el orador hace una pregunta retórica. Por un segundo consideras levantar la mano para responder, pero luego recuerdas que estás a metros de distancia y probablemente necesitarías un megáfono para que te escuchara.

En esta distancia, estás lo suficientemente lejos como para, digamos, disimular que estás comiendo palomitas durante una charla seria o hacer ese baile extraño cuando tu canción favorita suena en un concierto. Y aunque puede parecer impersonal tiene su ventaja: no hay contacto físico. Así que, si alguna vez te encuentras en un discurso multitudinario y sientes la necesidad de estirarte o bostezar, ¡la distancia pública es tu cómplice perfecta!

Ahora, a pesar de esta cómoda distancia que permite cierto anonimato, uno podría pensar: «¿Está destinada la distancia pública a ser siempre tan... distante?». Aunque pueda parecer un reto, un hábil orador sabe que incluso en los espacios más amplios se puede crear una sensación de cercanía.

¿Cómo lograr la cercanía en un mar de rostros?

Tony Robbins es un maestro en esto. A menudo se desplaza por el escenario frente a más de doce mil personas, manteniendo una distancia pública para poder dirigirse a toda esa multitud. Sin embargo, hay momentos en que decide romper esa barrera. Baja del escenario y camina por los pasillos entre el público. Su equipo, siempre alerta, se asegura de que nadie invada su espacio personal, quizá por razones de seguridad o, simplemente, para evitar interrupciones.

Pero Tony va más allá. Se detiene en puntos estratégicos, como la primera fila de la audiencia, de otra sección trasera. Y ahí los de delante pueden sentir que está a menos de un metro de él, creando un ambiente más íntimo. Pero no se detiene ahí;

continúa su recorrido por los pasillos, chocando las manos con las personas, en un acercamiento aún más íntimo. Si observamos con detenimiento, notaremos que todo este proceso de cambiar su distancia con la audiencia está meticulosamente planeado.

Aunque, como hemos visto, estas distancias pueden variar según diversos factores, siempre es crucial prestar atención al lenguaje no verbal de la audiencia. Ajustar adecuadamente nuestra distancia puede tener un impacto significativo en cómo se recibe nuestro mensaje.

Y hablando de comunicación no verbal, otro elemento crucial en este baile de interacciones es el **contacto visual**. Es una herramienta poderosa que puede establecer conexiones, transmitir confianza y, si se usa incorrectamente, incluso puede resultar incómodo. Pero ¿cómo y cuándo debemos establecer contacto visual? Vamos a explorarlo a continuación...

4. Vínculo visual. Contacto visual

Desde los albores de la humanidad, mucho antes de que las primeras palabras fueran pronunciadas o escritas, nuestros ancestros se comunicaban a través de la mirada. Los ojos, a menudo descritos como las ventanas del alma, han sido testigos de la evolución de nuestra especie, contando historias de amor, guerra, traición y descubrimiento.

La mirada siempre ha sido una constante. En las llanuras de África, donde los primeros *Homo sapiens* cazaban y recolectaban, el contacto visual era esencial para la cooperación y la supervivencia. Una mirada podía comunicar peligro, señalar una presa o expresar afecto.

Avancemos rápidamente hasta la era moderna y consideremos la película *Avatar*. En un mundo alienígena, dos seres de culturas y biologías radicalmente diferentes se encuentran y conectan. Jake, un humano en un cuerpo alienígena, mira profundamente a los ojos de Neytiri, una nativa de Pandora, y le dice: «Te veo». No es un simple saludo. Es un reconocimiento profundo, una afirmación de que ve más allá de la superficie, más allá de las diferencias culturales y físicas, directamente al alma de Jake y Neytiri. Esta conexión trasciende el lenguaje y la cultura, y nos recuerda que, a pesar de nuestras diferencias, hay una necesidad universal de ser reconocido y entendido.

La música también ha captado la esencia del contacto visual. Puedes estar en el gimnasio o viendo la película de *Rocky* y escuchas *The eye of the tiger*. Sin poder evitarlo, evocas la determinación feroz de un boxeador listo para enfrentar su destino. O en un lugar romántico y escuchas a Brian Adams en *Everything I do, I do it for you,* que nos recuerda que los ojos son el espejo del alma con su melódico *«Look into my eyes, you will see what you mean to me»* (en español: 'Mira en mis ojos y verás qué significas para mí').

Pero ¿por qué? ¿Por qué, en un mundo de avances tecnológicos y comunicación instantánea, sigue siendo tan poderoso el acto de mirar a alguien a los ojos? La respuesta yace en nuestra biología y en nuestra historia evolutiva. El contacto visual es una herramienta de comunicación que ha sido afinada durante millones de años de evolución. Es una forma de establecer confianza, de mostrar empatía, de conectar en un nivel profundo y primitivo.

En el mundo del orador, la mirada es su arma más poderosa. No es solo ver: es conectar, es transmitir, es sentir. Es esa chispa en los ojos que puede encender la pasión de una audiencia o apagarla. Pero, como todo arte, requiere destreza. No es simplemente mirar: es saber cuándo y cómo hacerlo, es bailar con la mirada y seducir a la audiencia sin decir una palabra.

Así que, la próxima vez que te encuentres en un escenario, recuerda: tus ojos tienen el poder de contar una historia, de conectar, de cambiar el mundo. Usa ese poder sabiamente.

5. Alquimia de cuerpo: la postura

La comunicación ha evolucionado de maneras que van más allá de las palabras. Hemos explorado la magia de una sonrisa, la expresividad del rostro y el poder cautivador de una mirada. Pero, al igual que la última pieza de un rompecabezas, hay un elemento que une todo esto y lo lleva al siguiente nivel: la alquimia del cuerpo.

Desde los albores de nuestra existencia, la humanidad ha buscado formas de comunicarse. Antes de que las palabras fueran concebidas, nuestros ancestros se comunicaban a través de gestos, sonidos y, lo más importante, a través de su postura. A medida que las civilizaciones crecían y las sociedades se volvían más complejas, la postura se convirtió en una herramienta poderosa no solo para comunicar, sino también para establecer dominio, mostrar sumisión o expresar empatía.

Ahora, en un mundo moderno lleno de charlas TED, discursos públicos y presentaciones, la postura sigue siendo un pilar fundamental en la comunicación. Pero ¿por qué es tan crucial, especialmente para aquellos que desean hablar en público?

Cuando te paras frente a una audiencia, antes de que articules una sola palabra, tu postura ya ha comenzado a hablar. Una postura erguida y confiada dice: «Estoy aquí, tengo algo valioso que compartir y creo en ello». Por otro lado, una postura encorvada o insegura murmura dudas y falta de preparación. Pero la postura no es solo sobre cómo te sientes; es un reflejo de cómo quieres que el mundo te vea y cómo deseas que tu mensaje sea recibido. Es una danza delicada entre la percepción y la intención.

Considera esto: en las antiguas cortes reales, un mensajero que traía malas noticias a menudo se acercaba con una postura sumisa, anticipando la ira del monarca. En contraste, un general victorioso se presentaría con el pecho hinchado y la cabeza alta, su postura reflejando su triunfo.

Pero el poder de la postura y la transformación física no se limita solo a contextos históricos. En las sinuosas calles de Londres, un detective famoso por su ingenio y astucia también conocía el poder del cuerpo para engañar y sorprender. Te invito a sumergirte en las palabras de un maestro de la observación, que nos muestra cómo la postura puede revelar, pero también ocultar, nuestra verdadera identidad. Y es aquí, en un oscuro rincón, donde escuchamos: «Siga adelante y luego vuélvase a mirarme», le dijo el hombre a Watson en el libro de *El hombre del labio retorcido*.

Las palabras sonaron con absoluta claridad en mis oídos. Miré hacia abajo. Solo podía haberlas pronunciado el anciano que tenía a mi lado y, sin embargo, continuaba sentado tan absorto como antes, muy flaco, muy arrugado, encorvado por la edad, con una pipa de opio caída entre sus rodillas, como si sus dedos la hubieran dejado caer de puro relajamiento. Avancé dos pasos y me volví a mirar. Necesité todo el dominio de mí mismo para no soltar un grito de asombro. El anciano se había vuelto de modo que nadie pudiera verlo más que yo. Su figura se había agrandado, sus arrugas habían desaparecido, los ojos apagados habían recuperado su fuego y allí, sentado junto al brasero y sonriendo ante mi sorpresa, estaba ni más ni menos que Sherlock Holmes. Me indicó con un ligero gesto que me aproximara y, al instante, en cuanto volvió de nuevo su rostro hacia la concurrencia, se hundió una vez más en una senilidad decrépita y babeante.

—Holmes —susurré—, ¿qué demonios está usted haciendo en este antro?[72]

En el silencioso juego del lenguaje no verbal, la postura es un narrador de historias que no requiere palabras. Sherlock Holmes, con su innata habilidad para descifrar el mundo a su alrededor, nos mostró que la maestría no solo radica en lo que vemos, sino en cómo lo vemos y cómo nos presentamos ante ese mundo.

1. **La postura como portadora de historias.** Cada inclinación de cabeza, cada curvatura de la espalda cuenta una historia. Al igual que Holmes, que con una simple torsión puede pasar de ser un anciano a un detective en su apogeo, un orador tiene el poder de narrar epopeyas a través de su postura. ¿Qué historia estás eligiendo contar cuando te pones de pie?

2. **Ser como el agua.** Las palabras de Bruce Lee resuenan aquí. Así como el agua se adapta a la forma del recipiente, un orador eficaz ajusta su postura, su energía y su presencia para resonar con su audiencia. No se trata de perder la esencia, sino de fluir con el ambiente.

3. **El arte de la primera impresión.** En el espacio entre el primer contacto visual y la primera palabra pronunciada, se escribe una novela de percepciones. Holmes nos enseñó que las transformaciones pueden ser sorprendentes; un orador tiene ese breve instante para hechizar a su audiencia y la postura es su primer hechizo.

4. **Coherencia: el hilo conductor.** Así como una buena novela mantiene un tono coherente, tu lenguaje corporal debe ser el hilo conductor que une tus palabras. Una pausa

reflexiva, acompañada de una postura contemplativa, puede dar peso a tus palabras, mientras que una postura dinámica puede subrayar un punto de pasión.

5. **La eterna lección de la observación.** Holmes, con su lupa y agudo sentido de observación, nunca pasó por alto un detalle. De la misma manera, un orador debe ser el eterno estudiante, observando, aprendiendo y adaptando. La audiencia es tu libro, léelo con atención.

La danza entre lo dicho y lo no dicho, entre lo verbal y lo corporal, es donde se encuentra la verdadera magia de la comunicación. Y, al igual que cualquier forma de arte, su dominio requiere atención, práctica y, sobre todo, autenticidad. En la intersección de tu postura y tus palabras, se encuentra el verdadero poder del impacto.

Ahora, cuando te detengas en un escenario o frente a un grupo, tu postura puede ser tu aliada más fuerte o tu detractora más crítica. Aquí hay algunos consejos para asegurarte de que esté de tu lado:

Erguido, pero no rígido. La confianza se proyecta cuando te pones derecho, pero la rigidez puede alejar a tu audiencia. Encuentra un equilibrio.

Pies anclados, mente abierta. Tus pies te conectan con la tierra, dándote estabilidad. Pero mientras estás firmemente plantado mantén una mente abierta y receptiva.

Manos que hablan. Tus manos pueden enfatizar, consolar o excitar. Úsalas sabiamente.

La mirada que conecta. Más allá de la postura, tus ojos pueden construir puentes o levantar muros. Asegúrate de que estén construyendo puentes.

En resumen, la próxima vez que te prepares para hablar en público, recuerda que antes de que tu boca comience a moverse tu cuerpo ya ha comenzado la conversación. Asegúrate de que esté diciendo lo que realmente quieres transmitir. Y, solo por diversión, ¿por qué no intentas una pose de superhéroe antes de subir al escenario? Podría ser justo lo que necesitas para elevar tu confianza al siguiente nivel.

Aquí tienes un espacio para que anotes las ideas clave que te llevas de este capítulo:

....

....

....

....

....

ACTO FINAL: DEJANDO UN IMPACTO DURADERO

6.
Transformación

Después de resistirse durante muchos años a entrar en los asuntos criminales de la familia, Michael Corleone, el hijo renuente, se encuentra en el umbral de un destino ineludible. Estamos en el clímax de *El padrino,* una joya cinematográfica que ha dejado una huella indeleble en la historia del cine. Michael, interpretado magistralmente por Al Pacino, ya no es el joven idealista que quería alejarse de los oscuros negocios familiares. Ahora es el epicentro de ese mundo.

En la última escena, su esposa, Kate, lo observa desde la penumbra de otro cuarto. Ve cómo los hombres, antiguos súbditos de su suegro, se inclinan ante Michael, besando su mano con una reverencia que antes estaba reservada solo para el patriarca, don Corleone. Y mientras la música se intensifica uno de ellos se acerca a la puerta y, con un gesto lento pero definitivo, la cierra. La pantalla se oscurece y nos deja con la certeza de que un ciclo ha concluido. Michael ha ascendido al trono del imperio criminal. Un cierre cinematográfico, digno de una ovación.

Ahora, imagina por un momento que estás dando un discurso y, al final, la audiencia te da una ovación de pie no porque seas famoso, sino porque tu cierre fue simplemente espectacular. ¿Te imaginas? Bueno, no te prometo aplausos, pero sí una herramienta poderosa: el arte del cierre.

Las películas, como *El sexto sentido,* con Bruce Willis como protagonista, nos han mostrado que un buen cierre puede ser el elemento más memorable. No te arruinaré el final si aún no la has visto, pero si ya lo hiciste sabes a qué me refiero. ¡Ese giro inesperado! Y, entre nosotros, ¿quién no ha intentado hacer ese giro en una conversación solo para impresionar? ¡Yo lo he hecho! Pero volvamos al tema.

Al comunicarnos, ya sea en público o en una conversación uno a uno, el cierre es el broche de oro. Es ese momento mágico donde buscamos dejar una marca, inspirar un cambio o, simplemente, dejar a nuestra audiencia con algo en qué pensar. Y, al igual que en el cine, un buen cierre puede ser la diferencia entre un discurso olvidable y uno que se recuerde durante años.

Así que, si alguna vez te has preguntado cómo dejar a tu audiencia con la boca abierta —metafóricamente, claro está— o cómo hacer que tu mensaje resuene en sus mentes mucho después de que hayas dejado el escenario, estás en el lugar correcto. Porque, al igual que en las películas, en la comunicación también hay técnicas, trucos y, sí, un poco de magia para cerrar con broche de oro. Y en las próximas páginas te revelaré algunos de esos secretos. Así que ¡prepárate para el gran final!

Indiana Jones y el reino de la calavera de cristal: más que una simple película de aventuras

Ah, Indiana Jones, el arqueólogo aventurero que todos, en algún momento, soñamos ser. Pero ¿recuerdas *El reino de la calavera de cristal*? Sí, esa entrega que muchos prefieren olvidar. Fue como cuando intentas contar un chiste en una reunión y nadie se ríe. ¡Ay, duele! Pero ¿qué salió mal?

La respuesta es simple: el final. Al igual que en la comunicación, un final debe ser construido meticulosamente, paso a paso. Y parece que a esta película le faltó ese toque maestro.

El tono. Imagina que estás dando una charla sobre física cuántica, y, de repente, introduces un chiste de pollos cruzando la carretera. Eso fue lo que muchos sintieron con el cambio de tono en la saga. Un tono ligero y caricaturesco puede hacer que tu audiencia pierda el interés o no tome en serio tu mensaje. Así que ¡cuidado con esos giros inesperados!

Confuso e impreciso. La película fue criticada en Perú por sus imprecisiones. Como ese amigo que dice haber ido a Machu Picchu... y describe Chichén Itzá. ¡Ups! Al igual que en la comunicación, necesitas ser claro y preciso. No querrás que tu audiencia se quede pensando: «¿De qué estaba hablando?».

Final forzado y sobrenatural. Es como si estuvieras contando una historia sobre tu infancia, y, de repente, introduces a un dragón volador. Tal vez eso podría no encajar. La coherencia es clave. Cada parte de tu discurso debe fluir naturalmente hacia el cierre.

Y hablando de cierres, ¿cuántas veces hemos escuchado esos finales abruptos como «eso es todo» o «gracias, ya he acabado». Son como esos finales de película que te dejan pensando: «¿Eso ha sido todo?». Para evitar caer en ese abismo, es vital conocer los diferentes tipos de cierre y cómo usarlos para crear un final impactante.

Así que ¡prepárate! Porque a continuación te presentaré el acrónimo **cierra**. Con él, descubrirás los secretos detrás de los cierres más efectivos y aprenderás a combinarlos para crear finales dignos de una ovación de pie. ¡Luces, cámara, acción!

Cierra con broche de oro: el arte de los finales memorables

1. *Call to action*

La historia está llena de momentos que nos dejan boquiabiertos y uno de esos momentos fue el asalto al Capitolio en Estados Unidos. Se trata, tal vez, de la afrenta más grande para la democracia de ese país. Evidenciaba simbólicamente la debilidad de su seguridad y su democracia. De todo esto salió el juicio político a Donald Trump. El primer presidente de la historia de Estados Unidos en enfrentar dos juicios políticos. La acusación a este expresidente tiene mucho que ver con un cierre que pudo ser fríamente calculado y que tiene mucho que ver con su llamado a la acción.

El 6 de enero del 2021, el mundo entero se detuvo para ver cómo miles de simpatizantes, impulsados por la retórica de un presidente, marchaban, y, eventualmente, irrumpían en el Capitolio. Fue como ver una escena de una película de acción, pero en la vida real. Y todo comenzó con un discurso.

Ahora, ¿alguna vez has pensado en el poder de tus palabras?, en cómo un simple llamado a la acción puede tener consecuencias inimaginables. Trump, con su estilo característico, pronunció un discurso que para muchos fue un llamado a la acción. Usó palabras que, aunque a veces eran ambiguas, tenían un mensaje claro para sus seguidores. Y ese mensaje fue interpretado por algunos como una invitación a actuar.

Pero ¿qué dijo exactamente? Vamos a analizarlo porque con ello aprendemos sobre cierres de impacto.

Él dijo:

> Porque nunca recuperaremos nuestro país con debilidad. Tenemos que mostrar fuerza y tenemos que ser fuertes... Y tenemos que hacer que nuestra gente luche. Y si no lucha nos someteremos a elecciones primarias brutales... Tendremos a un presidente ilegítimo, eso no lo tendrán y no podemos permitirlo... Cuando descubres un fraude, tienes el derecho de reescribir las reglas... Lucharemos con la ferocidad de los demonios y, si no lo hacemos, no tendrás un país nunca jamás. Así que bajemos por la avenida de Pensilvania...[73]

Un llamado a la insurrección para muchos, una simple sugerencia para otros. Pero, independientemente de cómo se interprete, el poder del llamado a la acción es innegable. Y es que, en esencia, es una herramienta que nos permite guiar a nuestra audiencia hacia una acción concreta, dándoles un propósito claro después de escuchar nuestro mensaje.

Imagina que estás en una conferencia sobre alimentación saludable. El ponente ha compartido datos impactantes sobre los efectos negativos del azúcar en la salud. Al final de su presentación, en lugar de simplemente agradecer y despedirse, les dice: «Si realmente te importa tu salud, te invito a que, a partir de mañana, reduzcas a la mitad tu consumo de azúcar». Eso es un llamado a la acción. Es claro, directo y te da un paso concreto a seguir.

O piensa en esos anuncios de televisión que, después de mostrarte lo maravilloso que es un producto, terminan con un «llama ahora y obtén un descuento especial». Eso también es un llamado a la acción. Están invitándote a realizar una acción específica: llamar.

Volviendo al discurso de Trump, lo que resalta es cómo un llamado a la acción, dependiendo de cómo se presente y del contexto en el que se haga, puede tener consecuencias monumentales. «Bajemos por la avenida de Pensilvania» no es simplemente una sugerencia para dar un paseo. En el contexto de ese día, con las emociones a flor de piel y las tensiones tan altas, ese llamado a la acción tenía un peso y un significado mucho más profundos. Se dirigían con determinación hacia el Capitolio, impulsados no solo por las palabras, sino por ideas previamente inculcadas. Entre ellas, una afirmación resonaba con fuerza: «Cuando descubres un fraude, tienes el derecho de reescribir las reglas». Pero ¿qué significa exactamente «reescribir las reglas»? Eso quedaba a interpretación de cada individuo. Y para añadir más intensidad a su mensaje proclamó: «Lucharemos con la ferocidad de los demonios». Pero ¿cómo es exactamente la ferocidad de un demonio? Esa imagen, potente y misteriosa, quedó grabada en la mente de los presentes, dejando a su imaginación decidir su verdadero significado.

Pero no todos los llamados a la acción tienen que ser tan dramáticos o controvertidos. En nuestra vida diaria estamos rodeados de ellos. Cuando un amigo te dice «vamos a ese nuevo café en el centro», cuando un profesor te sugiere «lee este libro, te ayudará a entender mejor el tema» o incluso cuando tu madre te dice «llámame cuando llegues». Todos son llamados a la acción.

La clave está en usar esta herramienta con responsabilidad y claridad. No queremos confundir a nuestra audiencia, queremos guiarla, queremos ayudarla. Queremos que, después de escuchar nuestro mensaje, se sientan motivados a actuar, a hacer algo con la información que les hemos dado. Porque, al final del día, un buen comunicador no solo informa, también inspira y motiva.

¿Cómo podemos potenciar nuestra confianza y aumentar las probabilidades de éxito en nuestras vidas? Esta fue la pregunta central que la psicóloga social Amy Cuddy abordó en su charla TED titulada «Tu lenguaje corporal puede moldear quién eres».[74] A través de su investigación, Cuddy comentó lo que las investigaciones revelaban y descubrió el poder de adoptar lo que ella llamó posturas de poder, como las icónicas poses de superhéroes tan típicas en Wonder Woman o Superman. Estas posturas, caracterizadas por una postura erguida, manos en la cintura, pecho hacia fuera y mirada al frente, demostraron tener un impacto profundo en la autoconfianza y la percepción de uno mismo en tan solo dos minutos.

Pero más allá de presentar estos hallazgos, Cuddy hizo algo esencial en su charla: una llamada a la acción. No solo quería que la audiencia conociera esta información, sino que la pusiera en práctica. Y así, con pasión y convicción, instó a todos a adoptar estas posturas en momentos de duda o estrés. Imagina, como ella dijo: «Estar en el baño antes de una entrevista importante o en tu oficina con la puerta cerrada antes de una presentación. Adopta esa postura de poder. Permítete sentir esa transformación interna».

Y continuó: «Quiero que todo el mundo pruebe esto. Que sientan el cambio en su interior. Y más allá de eso quiero que compartan este conocimiento. Porque, aunque parece simple, tiene el poder de cambiar vidas. Especialmente, para aquellos que sienten que no tienen voz ni poder. Porque lo único que necesitan es su propio cuerpo, un espacio privado y dos minutos. Y esos dos minutos pueden ser el inicio de una transformación que redefina su trayectoria de vida».

Con estas palabras, Amy Cuddy no solo compartió una herramienta valiosa, sino que también inspiró a su audiencia a ser agentes de cambio, a tomar el control de sus vidas y a compartir ese conocimiento con otros. Y es que un buen llamado a la acción no solo motiva a la acción inmediata, sino que también deja una impresión duradera, inspirando a otros a hacer lo mismo.

Ahora, hablando de inspirar, pasemos al siguiente tipo de cierre: «Inspira». Porque, después de todo, ¿qué es la comunicación sino una herramienta para inspirar a otros a ver el mundo de una nueva manera?

2. Inspira y cierra con estilo

¿Alguna vez has deseado tener una herramienta que te sirva para todo? Imagina estar en medio de una aventura, ya sea explorando las profundidades del océano, ascendiendo montañas majestuosas o enfrentando desafíos inesperados en cualquier rincón del mundo. Ahí es donde entra el icónico cuchillo del Ejército suizo, los Swiss Army Knife de Victorinox. Con su lema, «Para aquellos que necesitan estar preparados para cualquier cosa», este cuchillo es una metáfora perfecta para lo que te presentamos aquí. Al igual que James Bond o MacGyver, que siempre tienen una solución ingeniosa para cualquier situación gracias a herramientas como esta, tú también puedes estar preparado para cualquier desafío comunicativo.

Así como el cuchillo del Ejército suizo tiene múltiples herramientas para diferentes situaciones, vimos que **inspirando** era una variedad de aperturas que, con un giro creativo, pueden convertirse ahora en cierres impactantes. No solo son herramientas poderosas para captar la atención al inicio, sino que también pueden ser la clave para cerrar con un impacto memorable.

Imagina que cada **idea inspiradora** que compartimos, ya sea una cita conmovedora, una frase personal o ese giro inesperado, se convierte en el broche de oro de tu presentación.

Narra, no olvides las **historias.** Esa anécdota personal o ese relato de un tercero que abrió tu charla puede tener un eco al final, cerrando el círculo y dejando a tu audiencia reflexionando.

Sorprende una vez más. Si empezaste con algo inesperado, ¿por qué no terminar de la misma manera? Deja a tu audiencia con la boca abierta y con ganas de más.

Plantea **preguntas.** Ya sean retóricas, de interacción o cerradas, invita a tu audiencia a reflexionar y llevarse algo en qué pensar.

Invoca el poder del verbo «**imagina**». Haz que tu audiencia visualice un futuro, una solución o un mundo mejor gracias a lo que compartiste.

Recuerda el **reconocimiento.** Agradece, elogia y reconoce a tu audiencia por su tiempo y atención. Hazles saber que son valiosos.

Aprovecha las **analogías y metáforas.** Si las usaste al inicio, retómalas al final para reforzar tu mensaje.

No olvides la **necesidad satisfecha.** Remarca cómo tu charla o presentación ha llenado un vacío o ha respondido a una pregunta crucial.

Destaca esos **datos y estadísticas.** Si los mencionaste al inicio, recuérdalos al final para reforzar tu argumento.

Y, por último, ofrece **objetos, vídeos o imágenes.** Si comenzaste con un recurso visual, puedes cerrar con otro que complemente y refuerce tu mensaje.

Y ahora, al igual que James Bond, que siempre tiene una herramienta o truco bajo la manga para salir de cualquier aprieto, tú también cuentas con una variedad de herramientas comunicativas a tu disposición. Si bien decides usar una o combinar varias, estas aperturas —y ahora cierres— están diseñadas para enriquecer y potenciar tu comunicación. Así que, ya sea que estés dando una charla, presentando un proyecto o simplemente compartiendo una idea, recuerda estar preparado siempre y usar las herramientas adecuadas para cada situación.

3. Enfrentar, retar o invitarlos a que hagan algo diferente

Este era un joven en una ciudad pequeña, enfrentando cada día a un grupo de acosadores que le hacían la vida imposible. Y cada día siente el miedo, la desesperación y la impotencia de no poder defenderse. Este es el mundo de Daniel Larusso en *Karate Kid,* una historia que muchos consideran simplemente una película de los años ochenta, pero que, en realidad, es una lección de vida sobre superación, valentía y transformación.

Daniel, sin amigos y sin esperanza, encuentra una luz en medio de su oscuridad: el señor Miyagi. Un hombre mayor, con las manos curtidas por el tiempo, pero con una sabiduría inigualable. Miyagi es un maestro de kárate, que observa el sufrimiento de Daniel y decide retarlo a tomar entrenamiento en kárate, pero no usarlo para lastimar a nadie. No solo era una forma de defensa física, sino que a través de su enseñanza Miyagi imparte lecciones de vida, disciplina, honor y autocontrol.

Al igual que Daniel, todos enfrentamos desafíos en nuestras vidas, momentos en los que sentimos que las adversidades nos superan. Pero ¿qué pasaría si tuviéramos a alguien o algo que nos retara a superarnos, a enfrentar esos desafíos y transformarnos en una mejor versión de nosotros mismos?

Las charlas, discursos o presentaciones tienen el poder de ser ese «señor Miyagi» para nuestra audiencia. Pueden retar, enfrentar e invitar a las personas a tomar medidas, a cambiar su perspectiva o a adoptar una nueva habilidad. No es solo sobre transmitir información, sino sobre inspirar acción.

Y así como el señor Miyagi retó a Daniel a enfrentar sus miedos y superar sus limitaciones, nosotros, como comunicadores, tenemos la responsabilidad de retar a nuestra audiencia, de invitarlos a explorar nuevas posibilidades, a cuestionar sus creencias actuales y a tomar medidas que les permitan crecer y transformarse.

La próxima vez que te encuentres en una posición donde puedas influir en otros, ya sea a través de una charla, una presentación o incluso una conversación casual, recuerda el poder del desafío. **¿Te atreves a retar a tu audiencia? ¿A invitarlos a un viaje de transformación?** Porque, al final del día, es a través de estos desafíos e invitaciones que realmente podemos marcar la diferencia en la vida de alguien.

Del reto a la acción: la magia de invocar el cambio

Hemos navegado a través de la esencia de lo que significa enfrentar, retar e invitar. Cada uno de estos enfoques tiene el poder de mover montañas dentro de la mente y el corazón de nuestra audiencia. La charla de Amy Cuddy, por ejemplo, no solo nos mostró cómo una simple postura puede cambiar nuestra percepción de nosotros mismos, sino que también nos invitó a compartir esa sabiduría con otros. No fue un desafío en el sentido tradicional, como el que enfrentó Daniel con Miyagi, pero sí fue una invitación poderosa a la acción.

Los retos y enfrentamientos son herramientas poderosas, pero deben usarse con cuidado. Son como espadas de doble filo: pueden inspirar y motivar, pero también pueden alejar si no se usan adecuadamente. Es esencial conocer a nuestra audiencia y entender cuándo es el momento adecuado para desafiar y cuándo es mejor invitar.

Déjame llevarte en un viaje al pasado: el «reto Pepsi». No fue solo una osada batalla de sabores; fue una revolución en la percepción. Imagina la emoción del consumidor, los ojos vendados, el paladar en suspenso, eligiendo entre dos gigantes de las bebidas sin saber cuál era cuál. Él tenía que adivinar. Era una danza de lo desconocido, donde Pepsi, el audaz retador, puso a prueba a Coca-Cola, el monarca reinante.

Lanzado en 1975, este desafío no fue solo una campaña; fue una guerra de sabor que sacudió el mercado de las bebidas. En esa épica batalla de gustos, Pepsi se ganó un lugar en el corazón de muchos, ampliando su reino en el competitivo paisaje estadounidense y, posteriormente, en escenarios internacionales. Desde entonces, la campaña se usó en diferentes países. Todo se trató de un reto bien diseñado, que resonó en la mente de los consumidores y dejó una marca imborrable.

Te invito a reflexionar sobre estos conceptos. ¿Cómo puedes incorporar estos enfoques en tu comunicación diaria? ¿Cómo puedes inspirar a otros a actuar y cambiar para mejor?

4. El eco de las ideas: la fuerza de la repetición

Imagina estar en medio de una tormenta en alta mar, con olas gigantes y vientos huracanados amenazando con arrastrar tu barco hacia lo desconocido. En ese momento crítico, un ancla es tu salvación, manteniendo firme tu embarcación y evitando que sea llevada por la corriente. Esta escena, digna de una película de aventuras como *Piratas del Caribe,* nos muestra el poder de un ancla. Y en el mundo de las presentaciones y charlas esa ancla es la repetición de los puntos clave.

Al igual que un ancla mantiene un barco en su lugar, repetir los puntos esenciales al final de una charla ancla esas ideas en la mente de nuestra audiencia. Es nuestra forma de asegurarnos de que, entre todo el mar de información que han recibido, esas ideas clave no se pierdan.

Piensa en los anuncios que ves en la televisión. ¿Por qué, después de mostrarte escenas emocionantes de un coche recorriendo paisajes impresionantes, terminan repitiendo que tiene un sistema de conducción autónoma o un sistema de entretenimiento avanzado?[75] Es porque quieren que, de todo lo que has visto, eso sea lo que recuerdes. Entretenimiento avanzado para que los niños se entretengan y tal vez tú puedas disfrutar el silencio, pues ese es su mensaje condensado, su punto clave.

Así que, al concluir, te invito a reflexionar: ¿cuál es ese mensaje esencial que quieres que tu audiencia recuerde? Porque, al final del día, la repetición no es solo una técnica, sino una herramienta poderosa para asegurarnos de que nuestro mensaje resuene y perdure.

Hay frases que, como anclas, se hunden profundamente en nuestra mente y se quedan allí, resonando. Es el poder de la repetición. Cuando escuchas un anuncio de Tylenol, hay una frase que resuena una y otra vez: «Implacable con el dolor, sin afectar tu estómago». Es un mensaje simple pero poderoso. Es el núcleo de su comunicación y lo repiten para que se quede grabado en tu mente. Es ese mensaje condensado que, entre todo lo que has escuchado, quieren que recuerdes. Pero ¿por qué es tan efectiva la repetición?

La psicología detrás de esto es fascinante. Nuestro cerebro está diseñado para reconocer patrones y dar importancia a lo que se repite. Es una especie de mecanismo de defensa: si algo se repite, debe ser importante. Y así, lo que se repite, se recuerda.

Ahora, piensa en la charla TED de Brené Brown sobre el poder de la vulnerabilidad. A lo largo de su presentación, Brené nos sumerge en un análisis profundo sobre cómo la sociedad moderna se ha vuelto más solitaria, más propensa a la obesidad y más adicta. Nos habla de cómo evadimos nuestras inseguridades y vergüenzas, buscando refugio en medicamentos o distracciones. Pero, al final, lo que realmente resuena es su mensaje central: la importancia de la vulnerabilidad y cómo vivir con autenticidad.

Brené concluye su charla con palabras poderosas que resumen su mensaje principal: «Esto es lo que he encontrado, que tenemos que dejarnos ver. Ser vistos profundamente. Ser vulnerables». Esas palabras, ese mensaje, es lo que quiere que recordemos. Es su ancla.[76]

Este principio no se limita solo a charlas o anuncios. En la literatura, los autores utilizan la repetición para enfatizar un punto o crear ritmo. En la música, los estribillos repetidos se convierten en los que tarareamos. En el arte, los patrones repetidos capturan nuestra atención.

Así que, al concluir tu presentación o charla, te invito a reflexionar: ¿cuál es ese mensaje esencial que quieres que tu audiencia recuerde? Porque, al final del día, la repetición no es solo una técnica; es una herramienta poderosa para asegurarnos de que nuestro mensaje resuene y perdure. Ya sea un solo punto o varios, usa el final para repetir o mencionar los puntos clave y así anclar mejor tu mensaje en la mente de las personas.

5. Recapitular los pasos: una herramienta esencial

Recapitular los pasos se parece a repetir los puntos clave. La diferencia es que recapitular se enfoca en la secuencia lógica de la presentación porque eso es lo importante, como lo puede ser un método. Y la repetición de los puntos clave se enfoca en resaltar las ideas principales del discurso. Ambos enfoques pueden ser efectivos dependiendo del objetivo del orador y de la naturaleza del discurso.

Repetir es como el eco de las montañas, resalta las ideas más importantes para que resuenen en la mente de la audiencia. Por otro lado, recapitular es cómo revisar un mapa después de un largo viaje, asegurándose de que todos los puntos importantes hayan sido vistos y comprendidos.

Ejemplos prácticos de recapitulación

Discursos de formación. Al enseñar un nuevo *software* o una técnica, es crucial no solo mostrar el resultado final, sino también guiar a la audiencia a través de cada paso del proceso. Es similar a cuando un chef recapitula los pasos de una receta después de cocinar un platillo.

Discursos de negocios. Al presentar un nuevo producto o estrategia, es esencial recapitular cómo se llegó a la solución final. Esto puede incluir la investigación de mercado realizada, los prototipos creados y las fases de prueba.

Discursos educativos. Al explicar un concepto complejo, es útil recapitular los pasos o fases que llevan a la conclusión. Por ejemplo, al enseñar un teorema matemático, se puede recapitular cada paso lógico que lleva a la solución. Recapitular ayuda a reforzar la información presentada, facilitando su retención en la memoria a largo plazo. Además, proporciona una estructura clara y lógica, lo que permite a la audiencia seguir el hilo conductor de la presentación y comprender mejor el mensaje central.

En el mundo de las presentaciones, es común que la audiencia se distraiga o pierda algún detalle. La recapitulación actúa como un salvavidas, permitiendo a los oyentes reorientarse y asegurarse de haber captado los puntos esenciales. Tanto en presentaciones formales como informales, la recapitulación es una herramienta valiosa. Al final de cualquier discurso o presentación, tomarse el tiempo para recapitular los pasos o puntos clave asegura que el mensaje no solo se entregue, sino que también se entienda y recuerde.

6. Acción y beneficios

La técnica de acción y beneficios no es simplemente una herramienta retórica, sino de inspiración. Al articular claramente los resultados positivos que se pueden derivar de acciones específicas, se genera un impulso tangible. Este tipo de claridad y visión no solo instiga a la audiencia a actuar, sino que proporciona el contexto y la razón para hacerlo. Al resaltar los beneficios, se genera una sensación de urgencia, instigando a la audiencia a actuar.

En la arena de la comunicación corporativa y de liderazgo, donde la competencia por la atención es feroz, es imperativo no dejar nada al azar. Resaltar los beneficios crea una conexión emocional, añade una dimensión de urgencia y proporciona una hoja de ruta hacia el cambio.

Un ejemplo emblemático de esto es cómo Bill Gates abordó el tema de las epidemias en una de sus charlas. Con una presentación directa y concisa, Gates subrayó la importancia de estar preparados para futuras epidemias. Recordó al público que en el 2014 el mundo pudo superar el brote de ébola no solo debido a la valiente labor de miles de trabajadores de la salud, sino también a un toque de buena fortuna. Sin embargo, Gates no se detuvo en el reconocimiento, sino que instó a la audiencia a adoptar medidas proactivas, desde la planificación de escenarios hasta la investigación intensiva de vacunas y la formación continua de profesionales de la salud. Su mensaje culminó con una llamada a la acción poderosa y urgente: «Debemos actuar ahora, porque el tiempo corre en nuestra contra. Si la epidemia de ébola nos ha enseñado algo, es que puede ser una señal de advertencia, un toque de atención. Si tomamos medidas desde ahora, podemos estar listos y preparados para enfrentar la próxima epidemia».[77]

Acción y beneficios: el arte de inspirar a través de las palabras de Martin Luther King Jr.

La retórica puede ser poderosa, pero cuando se combina con la poesía se convierte en algo trascendental. Cuando pensamos en discursos que han dejado una marca indeleble en la historia, es difícil no recordar las palabras apasionadas de Martin Luther King Jr. Su habilidad para combinar llamados a la acción con la promesa de beneficios tangibles es un ejemplo magistral de cómo motivar a una audiencia.

En su famoso discurso, King no se limitó a hablar de un sueño o de una visión abstracta. Utilizó la repetición y la evocación de paisajes familiares para hacer que su mensaje resonara en cada rincón de Estados Unidos. «Dejen resonar la libertad», decía y con cada repetición llevaba a su audiencia a través de montañas, valles y ciudades, creando una imagen de unidad y esperanza.

Entonces dejen resonar la libertad desde las prodigiosas cumbres de Nueva Hampshire. Dejen resonar la libertad desde las grandes montañas de Nueva York. Dejen resonar la libertad desde los Alleghenies de Pensilvania. Dejen resonar la libertad desde los picos nevados de Colorado. Dejen resonar la libertad desde los curvados picos de California. Dejen resonar la libertad desde las montañas de piedra de Georgia. Dejen resonar la libertad de la montaña Lookout de Tennessee. Dejen resonar la libertad desde cada colina y cada montaña de Misisipi, desde cada ladera, ¡dejen resonar la libertad! Y cuando esto ocurra, cuando dejemos resonar la libertad, cuando la dejemos resonar desde cada pueblo y cada caserío, desde cada estado y cada ciudad, seremos capaces de apresurar la llegada de ese día en que todos los hijos de Dios, hombres negros y hombres blancos, judíos y cristianos, protestantes y católicos, serán capaces de unir sus manos y cantar las palabras de un viejo espiritual negro: «¡Por fin somos libres! ¡Por fin somos libres! Gracias a Dios todopoderoso, ¡por fin somos libres!».

Pero ¿qué hace que este discurso sea un ejemplo perfecto de acción y beneficio?

Acción. King no solo describía un futuro ideal, sino que instaba a su audiencia a actuar. Les pedía que regresaran a sus hogares y comunidades y trabajaran juntos para hacer realidad ese sueño de libertad e igualdad.

Beneficio. Con cada llamado a la acción, King delineaba los beneficios. Hablaba de un Estados Unidos donde la libertad resonaría en cada rincón, donde todos, independientemente de su raza o religión, se unirían en armonía. Su visión era de un país donde, al trabajar juntos, todos podrían cantar con alegría: «¡Por fin somos libres!». Al finalizar su discurso, King no dejó a su audiencia con una simple idea o visión. Les dio una hoja de ruta, un plan de acción y, lo más importante, la promesa de un beneficio tangible si se unían y trabajaban juntos hacia ese objetivo común.

Para cualquier orador, el mensaje es claro: no basta con inspirar o presentar una idea. Es esencial proporcionar a la audiencia pasos claros y tangibles para actuar y, al mismo tiempo, mostrarles los beneficios que obtendrán al hacerlo. Es esta combinación de acción y beneficio lo que convierte un buen discurso en uno verdaderamente transformador.

Transpórtate por un momento a una sala, escuchando a Tony Robbins. Con su carisma inigualable, te invita a embarcarte en un viaje introspectivo y al final dice: «Explora tu web (tu interior), descubre tus necesidades, esas creencias y emociones que te controlan día tras día».[78] Aquí, Robbins no solo está sugiriendo una acción, sino que está guiando a su audiencia hacia un camino de autodescubrimiento.

Pero no se detiene ahí. A continuación, presenta el beneficio: «Puedes apreciar, no solo entender, eso es intelectual, eso es mente. Pero apreciar lo que impulsa a otras personas es la única forma en que el mundo va a cambiar». La idea era que al hacerlo no solo descubrirás más sobre ti mismo y lo que puedes lograr, sino que también aprenderás a apreciar y comprender a los demás. Es una herramienta que puede cambiar tu mundo y el mundo de quienes te rodean. En este punto, Robbins ha conectado una acción específica con un beneficio tangible, creando un llamado poderoso para que su audiencia actúe.

El verdadero arte de Robbins radica en cómo entrelaza la acción y el beneficio de manera tan fluida que la audiencia se siente naturalmente inclinada a actuar. No es solo un llamado a la acción, es un llamado a un futuro mejor, a un cambio positivo.

Al final de cualquier discurso, el objetivo es inspirar a la audiencia a actuar. Y el cierre de acción y beneficio es una herramienta poderosa para lograrlo. Al presentar una acción clara y luego vincularla con un beneficio convincente, el orador crea un impulso que impulsa a la audiencia hacia el cambio.

La transformación ha sido nuestro viaje, guiándonos a través de los matices de comunicar con impacto. Podrías pensar que todo culmina con ese aplauso final, ese momento efímero de reconocimiento. Pero ¿y si te dijera que hay algo más allá? Me refiero a la ovación. No hablo del aplauso del público, sino de un eco interno, una resonancia que trasciende el escenario. Algo que redefine lo que significa realmente «ovación». Estamos a punto de adentrarnos en ese misterio. ¿Estás listo para descubrir lo que realmente significa recibir una ovación?

Escribe aquí unas ideas.

....

....

....

....

....

7.

Ovación

Cada final es, en realidad, un preludio. Cuando una puerta se cierra, en algún lugar, una ventana se abre, revelando horizontes desconocidos. Piensa en Michael al final de *El padrino,* un cierre que marcó el inicio de una era.

Recordemos a Thor, ese dios imponente del que hablamos al comienzo. Se enfrentó a Laufey, el temible líder de los gigantes de hielo, un ser de piel azulada y mirada ardiente cuya presencia helaba el alma. A pesar de su apariencia etérea, Laufey era un adversario poderoso, pero para Thor proteger a su gente era primordial. Y, aunque triunfó contra Laufey, Thor nunca dejó de prepararse. ¿Qué relación tiene esto con la ovación?

Ovación, derivado del latín *ovatio,* originalmente evocaba gritos jubilosos. Con el tiempo, en la Roma antigua, se convirtió en una aclamación militar, un reconocimiento a las tropas que, aunque no alcanzaban el estatus de un triunfo total, sí merecían una celebración. Era un homenaje, un paso más hacia la gloria. Era un reconocimiento al logro sabiendo que es un proceso, un pequeño logro para algo más.

En las vastas arenas de África, bajo el ardiente sol, el general romano Julio César se enfrentó a las fuerzas pompeyanas en la batalla de Tapso. Aunque emergió victorioso, su triunfo no fue absoluto. En lugar del aclamado triunfo romano, recibió una ovación, un reconocimiento más sutil, pero no menos significativo.

La ovación es un eco de aprobación, un susurro de que estamos en el camino correcto. Es el aplauso que resuena en nuestros oídos, recordándonos que, aunque no hayamos alcanzado la cima, estamos avanzando con paso firme. Thor, con su martillo en mano, y Julio César, con su corona de laureles, son meros ejemplos de cómo se forja una leyenda. Pero más allá de las hazañas y las batallas yace una verdad universal: la construcción de una reputación es un viaje interminable.

No aspiramos a ser dioses nórdicos ni generales romanos. En cambio, buscamos comprender un principio más profundo: que la complacencia es el enemigo del progreso. Estamos en una travesía constante de aprendizaje y no podemos permitirnos el lujo de descansar en nuestros logros.

Este libro es un mapa, una guía hacia un destino donde podemos iluminar el camino de otros. La propuesta es simple pero poderosa: equiparte con las herramientas para transformar la comunicación en un arte. Para que, al final de este viaje, no solo hables con claridad y contundencia, sino que también inspires a otros a hacerlo. La autenticidad y la eficacia son las piedras angulares de esta misión.

A lo largo de nuestro viaje compartido en estas páginas, has navegado por los mares de la retórica, explorado islas de técnicas y sumergido en las profundidades de las emociones. En cada capítulo, has recolectado herramientas y estrategias, como piedras preciosas, que te permitirán comunicar con claridad y poder.

Sin embargo, hay un tesoro que aún no hemos desentrañado. Es el corazón mismo de la comunicación, el fulgor que da vida a todas las técnicas, el sutil perfume que impregna cada palabra y gesto. Es el faro que guía a los grandes oradores, el viento que impulsa sus velas.

Quiero que imagines un cofre antiguo. Su madera es oscura, pulida por los años, y sus herrajes de bronce están grabados con intrincados diseños. Este cofre ha sido transmitido de generación en generación, de maestro a discípulo. Y en su interior resguarda el secreto de la comunicación verdaderamente impactante.

Pero, antes de abrir este cofre, te invito a hacer una pausa. A respirar profundamente y a recordar todo lo que has aprendido. Y antes de embarcarnos en esta noble tarea debemos preguntarnos: ¿cómo mantenemos el impulso de la mejora continua?

En el teatro de la vida, la ovación es el eco de un trabajo bien hecho, el reconocimiento de un esfuerzo que trasciende. Para alcanzarla, existen tres pilares fundamentales que te voy a explicar a continuación.

El primero, como bien nos enseñaron figuras como Thor y Julio César, es reconocer que el aprendizaje es un viaje sin fin. No hay destino final, solo hitos en un camino que se construye con práctica incansable. Las habilidades no nacen, se forjan con determinación y repetición.

El segundo pilar se centra en el cómo. A lo largo de estas páginas, hemos desentrañado el método Impacto, una brújula para guiar nuestra comunicación. Pero ahora te ofrezco una herramienta adicional: una guía para convertirte en tu propio mentor o para guiar a otros en su travesía comunicativa. En un simple esquema, encontrarás los elementos esenciales para una asesoría transformadora.

El tercer pilar es la introspección. Si no somos capaces de medir y evaluar, nos encontramos a la deriva. Cada vez que tomes la palabra, ya sea en un escenario, en la radio o en la televisión, regresa a este manual. Evalúa tu desempeño, identifica tus fortalezas y áreas de mejora.

Quizá ya hayas experimentado la adrenalina de hablar en público o hayas sido el guía de alguien en su presentación. Entonces, ¿cómo cultivamos la mejora continua? La respuesta es sencilla pero profunda: reflexión. Tras cada intervención, haz una pausa y plantea tres preguntas esenciales: ¿Qué aspectos brillaron? ¿Qué áreas requieren refinamiento? ¿Qué ajustes son necesarios para la próxima ocasión?

Estas preguntas, aunque simples, son el faro que ilumina el camino hacia la ovación verdadera, aquella que resuena en el corazón mucho después de que los aplausos hayan cesado.

En este inmenso universo de la comunicación, muchas guías y cursos ofrecen consejos y técnicas, pero a menudo se detienen en la superficie. Para realmente sumergirse en las profundidades y dominar el arte de la oratoria, se requieren cuatro cimientos interconectados.

Retroalimentación precisa. No se trata solo de escuchar un «lo hiciste bien» o «podrías mejorar». Es esencial desglosar el desempeño de manera meticulosa, identificando con precisión las áreas de excelencia y aquellas que requieren atención. En nuestros cursos no hablamos de errores, sino de áreas de oportunidad.

Reconocimiento de fortalezas y debilidades. Con una retroalimentación detallada en mano, podemos mapear nuestro paisaje personal de habilidades. Tal vez tu voz resuena con autoridad o tu sinceridad brilla a través de cada palabra o quizá tu lenguaje corporal cuenta una historia paralela. Al identificar estos elementos, podemos potenciar lo que ya hacemos bien y trabajar de manera dirigida en nuestras áreas de crecimiento.

Motivación y compromiso. Al visualizar nuestro progreso y entender dónde nos encontramos, se enciende una chispa de motivación. En nuestros entrenamientos, hemos visto cómo esta retroalimentación constructiva y detallada eleva la confianza de los participantes. Estos al final se dan cuenta de que están en un viaje y cada paso los lleva más cerca de su meta.

Medición del progreso. En el mundo de la oratoria, hay un adagio: «Lo que se puede medir, se puede mejorar». Al tener un registro tangible de tu evolución, puedes trazar un mapa de tu crecimiento. No solo en términos de habilidades técnicas, sino también en la conexión con tu audiencia y en la confianza que irradias. Establecer metas claras y medir tu progreso hacia ellas te proporciona una brújula en este viaje.

Estos cimientos no son solo pasos en un proceso; son las piedras angulares de una transformación que te llevará de ser un buen orador a uno excepcional.

El atlas del impacto: moldeando presentaciones con poder y propósito

Para fortalecer este proceso de introspección y mejora, te presento una herramienta invaluable: el mapa de *MindSpeaker*. No es simplemente una hoja, sino una brújula que te acompañará en cada paso mientras perfeccionas no solo tu habilidad para comunicar con impacto, sino también para alinear tu mente y tu mensaje. Este mapa es el reflejo del camino de un *MindSpeaker*, alguien que comunica desde una mentalidad clara y presente, generando un impacto duradero en quienes lo escuchan.

Imagina que estás a punto de dar una presentación. Ya has absorbido y practicado todos los puntos que hemos discutido. Ahora, con este mapa en mano, puedes evaluar cada aspecto de tu discurso. Y no solo eso, puedes compartir este conocimiento guiando a tus hijos, compañeros o cualquier persona que desee mejorar en el arte de hablar en público.

Cada vez que te prepares para hablar, este mapa te iluminará. Te invito a que, después de cada intervención, revises cada punto. Marca aquellos que hayas incorporado y reflexiona sobre su impacto. Por ejemplo, recordemos la sección sobre aperturas. Introdujimos el acrónimo inspirando, donde cada letra representaba una técnica de apertura. Después de tu presentación, revisa cuál o cuáles técnicas utilizaste. Si compartiste una anécdota personal, marca la letra n (narrar una historia). Si mostraste un objeto intrigante y planteaste una pregunta retórica, entonces las letras p (pregunta) y o (objeto o imagen) son tus guías. Además, en el espacio proporcionado, anota detalles específicos de cómo implementar esa técnica.

Pero no termina ahí. Evalúa el impacto de tu apertura. En una escala del 1 al 5, ¿cómo resonó con tu audiencia? Esta autoevaluación te dará una perspectiva clara de tus fortalezas y áreas de oportunidad.

Motivación. Es el motor que impulsa a tu audiencia a permanecer atenta a tus palabras. Reflexiona sobre lo siguiente: ¿has sembrado en ellos razones suficientes para escucharte? No olvides que la relevancia de tu tema es esencial. ¿Por qué deberían escucharte a ti y no a alguien más? Aquí no solo hablamos de tu conocimiento, sino de tu capacidad para establecer una conexión genuina, para construir tu autoridad y credibilidad en el tema. Es el arte de hacer que tu audiencia sienta que tu mensaje es imprescindible para ellos.

Evidencia. La confianza se construye sobre hechos sólidos. ¿Has respaldado tus palabras con datos concretos? Usa medita como tu brújula. Si has presentado estadísticas o testimonios, márcalos. La credibilidad de tu mensaje se fortalece con la solidez de tus fuentes.

Persuasión. En el vasto mundo de la comunicación, la persuasión es una herramienta poderosa. Mientras revisas tu discurso, identifica: ¿has incorporado principios persuasivos? Utiliza el acrónimo persuasión como guía. Si has tocado el tema de la escasez, marca la letra e. Si has establecido una asociación, la a es tu referencia. Y si sientes que otro principio hubiera sido más efectivo márcalo en rojo y reflexiona sobre cómo podrías integrarlo en el futuro.

Arte del *storytelling*. Narrar es una habilidad innata en nosotros. Libera al *storyteller* que llevas dentro y sumérgete en el arte de contar historias. Usa las estructuras que hemos discutido y haz que tus historias y metáforas se conviertan en puentes, conectando emocionalmente con tu audiencia y clarificando tus ideas.

Comunicación verbal y no verbal. La voz es una herramienta poderosa, capaz de transmitir más que simples palabras. Reflexiona sobre su uso: ¿has aprovechado los cinco elementos de tu voz? ¿Cómo modulaste tu tono al enfatizar un punto crucial?, ¿y al transmitir emoción? Desglosa y analiza cada componente de tu voz y su impacto en tu mensaje. En cuanto a la comunicación no verbal, es un espejo que refleja tu interior. Evalúa tu lenguaje corporal: ¿qué dicen tus manos sobre ti? ¿Están inquietas o guardadas en tus bolsillos? ¿Tienes algún tic, como balancearte de un lado a otro? ¿O tu rostro es un lienzo que pinta con claridad cada emoción?

Transformación. Cada discurso debe llevar a la audiencia a un punto de cambio. Reflexiona sobre tu cierre: ¿has utilizado algún tipo de conclusión? Si es así, ¿cuál? Evalúa su efectividad y piensa en cómo podría haber sido diferente.

La ovación. Si has seguido cada paso, has llegado al momento de la ovación. Pero antes de recibir los aplausos hazte estas preguntas esenciales: ¿qué aspectos de tu presentación brillaron? ¿Qué áreas necesitan que sean pulidas? ¿Qué ajustes considerarías para la próxima vez? Estas reflexiones son el camino hacia la maestría en el arte de la comunicación.

El mapa hacia la maestría de comunicar con impacto

Después de este viaje a través de las páginas, de descubrir secretos y técnicas, de analizar a grandes oradores y de reflexionar sobre nuestras propias habilidades, ha llegado el momento de revelar una herramienta que condensa todo lo aprendido, que servirá como tu brújula en cada presentación, en cada discurso y en cada conversación.

Después de comprender las ideas en este libro, podrás darte cuenta de que tienes en tus manos una plantilla que, como un espejo mágico, refleje tus fortalezas y áreas de oportunidad, que te guíe paso a paso en el arte de comunicar con impacto. Un mapa que no solo te muestra el camino, sino que te reta a superarte, a explorar nuevos horizontes y a conquistar cada escenario.

Te presentaré la plantilla maestra de comunicación. Una herramienta que, prometo, transformará tu forma de comunicar si mejoras cada paso de estos puntos.

El cofre del tesoro

El eco del ahora: un viaje hacia la conexión interior

En mi viaje personal hacia el autodescubrimiento, me encontré con una revelación que no solo transformó mi forma de comunicar, sino mi esencia misma.

La vida, con su ritmo frenético, nos arrastra en un torbellino de emociones, deseos y aspiraciones. Nos perdemos en el ruido ensordecedor del mundo exterior, olvidando la melodía serena de nuestro ser interior. Como dijo Eckhart Tolle: «Cuando pierdes contacto con tu quietud interior, pierdes contacto contigo. Cuando pierdes contacto contigo, te pierdes a ti mismo en el mundo». Y en ese perderse olvidamos la esencia de comunicar: conectar desde el alma, desde ese espacio sagrado de autenticidad y verdad.

Desde tiempos inmemoriales, grandes maestros, místicos y filósofos han hablado de la importancia de estar presentes, de vivir en el ahora. Aunque las palabras cambien, el mensaje sigue siendo el mismo: el presente es un regalo, un tesoro que debemos valorar y honrar.

A menudo, nos encontramos atrapados en el espejismo del tiempo, viendo la vida pasar como un sueño efímero. Nos despertamos y nos damos cuenta de que los años han dejado su huella no solo en nuestra piel, sino en nuestra alma. Nos preguntamos: «¿Dónde estuve todo este tiempo? ¿Por qué no viví cada momento con plenitud?». La respuesta yace en nuestra mente. Nos dejamos llevar por las expectativas, por los miedos, por las ilusiones del pasado y del futuro. Pero ¿qué tal si eligiéramos vivir en el ahora? ¿Qué tal si, en lugar de ser prisioneros de nuestra mente, fuéramos sus guardianes? Al estar presentes, al conectar con nuestra esencia, descubrimos la magia de la vida, la belleza de cada instante y la profundidad de cada conexión.

Y es esta, la gran diferencia que hace a un *MindSpeaker*, que es, entender que la verdadera presencia se logra al estar completamente consciente en el momento. La presencia plena no solo es una herramienta para la vida diaria, sino una clave para la comunicación efectiva, ya que te permite estar en sintonía con tu audiencia y transmitir mensajes con autenticidad.

¿Y cómo se logra esto?

Guardián de la mente

La atmósfera estaba cargada de electricidad. El estadio de baloncesto, un hervidero de emociones, con millones de corazones latiendo al unísono. Cada mirada, cada aliento, cada susurro convergía en un solo punto: Michael Jordan, sosteniendo el destino de un juego en la palma de su mano.

El reloj marcaba segundos que parecían eternos. El ruido ensordecedor de la multitud se desvanecía en un murmullo distante. En ese instante, todo lo que existía para Michael era el balón, la canasta y su respiración. Estaba en el ojo del huracán, un lugar de calma en medio del caos. Con los Bulls, su equipo, un punto por debajo, el destino del campeonato pendía de un hilo. Unos segundos antes de esta escena, Michael, con su aguda percepción, roba el balón a Malone y, como un felino, se desliza por la cancha, esquivando obstáculos, acercándose al aro con una determinación inquebrantable. El tiempo parecía haberse detenido. ¿Cómo mantenerse en paz y tranquilidad en esta situación? ¿Cómo mantener el enfoque y que nada te turbe?

Faltaban seis segundos para terminar derrotados. Ese balón significaba llevarse el sexto campeonato, el cual sería un hecho sin precedente. Estaba haciéndole el marcaje Russell Bryon, un jugador imponente de dos metros y más de cien kilos. Michael se eleva y lanza el balón.[79] El estadio contuvo la respiración. El tiempo parecía haberse distorsionado y hacerse más largo. El balón, suspendido en el aire, llevaba consigo las esperanzas y sueños de millones. Y entonces, en un momento que se grabaría en la historia, el balón besa la red, con una precisión quirúrgica. ¡Canasta!

La ovación fue ensordecedora. Pero más allá de la habilidad y el talento había algo más profundo en juego. Michael, en sus propias palabras, describiría esos momentos cruciales como instantes de pura claridad, donde el mundo exterior se desvanecía y solo quedaba el momento presente.

Esta conexión con el ahora, este estado de atención plena, es lo que le permitió a Michael superar las presiones y destacar en los momentos más críticos. No era solo un juego: era una danza, una meditación en movimiento. Era la manifestación de estar completamente presente, de ser el verdadero guardián de la mente.

Y así, como Michael, todos tenemos la capacidad de conectarnos con ese poder interior, de vivir cada momento con pasión y propósito y de ser los verdaderos maestros de nuestro destino. Sin embargo, esta maestría no se forja únicamente en los triunfos, sino también en los desafíos y fracasos.

Jordan dijo: «He fallado más de nueve mil tiros en mi carrera. He perdido casi trescientos juegos. veintiséis veces han confiado en mí para tomar el tiro que ganaba el juego y lo he fallado. He fracasado una y otra vez en mi vida y eso es por lo que tengo éxito».

Y es en este camino lleno de altos y bajos donde su esencia trasciende más allá de las habilidades físicas. En *El último baile*, un aclamado documental, Mark Vancil lo describió perfectamente: «Michael es un místico. Nunca estuvo en otro lado. Su don no era que pudiera saltar alto, correr rápido, lanzar una pelota de baloncesto. Su regalo fue que él estaba completamente presente».

El «estar presente» no solo es una herramienta para los deportistas de élite. Es un regalo que todos podemos cultivar. Nos permite aprovechar al máximo nuestras habilidades, reducir el miedo al juicio y expresarnos con autenticidad y libertad. Al igual que Jordan, todos podemos aprender a estar completamente presentes, a conectar con nuestro verdadero potencial y a lanzar nuestro propio «tiro ganador» en la cancha de la vida. Y, como todo en la vida, la clave está en la práctica.

Esto que hemos visto es un tipo de sabiduría que no se adquiere, sino que se despierta. Una sabiduría que no se mide por la cantidad de información que poseemos, sino por la profundidad de nuestra conexión con nosotros mismos y con el universo. Estamos hablando aquí de otro tipo de inteligencia. Una inteligencia que ya vive dentro de nosotros, que fluye de dentro hacia fuera. Estamos hablando de usar el recurso más poderoso que ya vive en ti. Ya sea para comunicar con impacto o vivir con plenitud.

Rumi, el gran poeta sufí, lo describió con una belleza y precisión inigualables:

> Hay dos clases de inteligencia: una adquirida,
> como el niño que en la escuela memoriza hechos y conceptos
> de los libros y de lo que dice el maestro,
> recogiendo información de las ciencias tradicionales
> y de las nuevas ciencias.
> Con esa inteligencia te presentas en el mundo.
> Te colocas por delante o por detrás de otros,
> en base a tu habilidad para retener información.
> Caminas con esta inteligencia dentro y fuera
> de los campos del conocimiento, obteniendo

siempre mejores calificaciones en tus notas.
Hay otro tipo de inteligencia, una que ya ha sido
completada y preservada ya dentro de ti.
Un arroyo desbordando su manantial.
Una frescura en el centro del pecho.
Esta otra inteligencia
no amarillea con el tiempo, no se estanca.
Es fluida y no se mueve de fuera hacia dentro
a través de los conductos de las cañerías del aprendizaje.
Esta segunda forma de saber es una fuente
que fluye de tu interior, saliendo hacia fuera.[80]

En cada uno de nosotros hay un manantial de sabiduría esperando a ser descubierto. Una fuente que fluye con un conocimiento eterno, inmutable y verdadero. Es el llamado a conectarnos con nuestra esencia, a escuchar la voz silenciosa de nuestro ser interior y a permitir que esa inteligencia guíe nuestro camino en la vida.

Muchas personas me preguntan: ¿cómo perder el miedo a hablar en público? ¿Cómo reducir el estrés y la ansiedad? ¿Cómo evitar que se me olviden las cosas? Y muchas otras situaciones adversas para comunicar efectivamente. Esta última herramienta tiene esto y más.

Imagínate por un momento en un escenario, con cientos de ojos mirándote, esperando que compartas tu mensaje. El silencio es ensordecedor y tu corazón late con fuerza. En ese instante, ¿qué pasaría si pudieras encontrar un oasis de calma en tu mente? ¿Si pudieras conectarte con el momento presente y sentir una profunda conexión con tu audiencia? Esa es la magia de la presencia plena. Es el arte de estar completamente presente, de vivir el momento actual con total atención y sin juicio. Es la habilidad de conectar con tu esencia, con tu mensaje y con tu audiencia de una manera profunda y auténtica.

Los beneficios de esta práctica que nos menciona la investigación son innumerables:

Reducción del estrés y la ansiedad. Al centrarte en el presente, dejas de preocuparte por el pasado o el futuro. Por ejemplo, si estás a punto de dar una charla y los nervios te invaden, respiras profundamente, te centras en el ahora y, de repente, esos nervios se transforman en energía positiva para tu presentación.

Mejora de la memoria. Al estar plenamente presente, tu mente se vuelve más receptiva y retiene mejor la información. Por ejemplo, durante tu presentación, en lugar de depender de notas o diapositivas, confías en tu memoria y fluyes con naturalidad, recordando cada punto clave.

Conexión emocional. Al estar en el momento presente, puedes sintonizar mejor con las emociones de tu audiencia. Por ejemplo, notas que una parte de tu audiencia parece desconectada o aburrida, pero, en lugar de ignorarla, adaptas tu discurso para reconectar con ellos, logrando un impacto más profundo.

Claridad mental. La presencia plena te permite ver las cosas con mayor claridad. Por ejemplo, en medio de una sesión de preguntas y respuestas, recibes una pregunta complicada. En lugar de entrar en pánico, te tomas un momento para respirar, centrarte y responder con claridad y confianza.

Aumento de la empatía. Al estar conectado contigo mismo, puedes conectarte mejor con los demás. Y lo puedes ver al final de tu charla, un asistente se acerca con una preocupación personal. En lugar de apresurarte a responder, escuchas con empatía y ofreces una respuesta genuina y comprensiva.

Pero ¿cómo lograr esta presencia plena?

La presencia plena no es solo una herramienta para comunicadores o líderes. Es una filosofía de vida que nos invita a vivir cada momento al máximo, a apreciar la belleza de lo cotidiano y a conectar con nuestra esencia y con los demás.

Pasos para incorporar la atención plena en la oratoria

Respira y conecta. Antes de subir al escenario, detente un momento para centrarte en tu respiración. Esto te ancla al presente y calma los nervios.

Observa sin juzgar. Mira a tu audiencia. No como un mar de rostros, sino como individuos. Cada persona tiene una historia y, al reconocerlo, tu mensaje se vuelve más personal y genuino.

Un mensaje a la vez. Evita divagar. Concéntrate en un punto clave a la vez, dándole a cada idea el espacio que merece.

Practica la meditación. Dedica unos minutos al día para estar en silencio. Y observa tu respiración al inhalar y al exhalar. Esto no solo reduce el estrés, sino que también mejora tu capacidad para concentrarte y estar presente durante tu discurso.

Acepta y aprende. No todos los discursos serán perfectos. Acepta los errores, aprende de ellos y sigue adelante. La confianza se construye con la práctica y la autocomprensión.

Al incorporar la atención plena en tu oratoria, te conviertes en un comunicador más auténtico y persuasivo. Tu mensaje resuena con claridad y tu audiencia siente tu sinceridad y pasión.

Hablar en público es más que palabras y gestos; es conexión, autenticidad y presencia. Con la atención plena no solo mejoras tus habilidades de comunicación, sino que también te conectas con tu audiencia de una manera profunda y significativa.

Ejercicios y meditaciones guiadas: atención plena en la oratoria

Para un orador, cada palabra, pausa y gesto tiene un propósito. Sin embargo, el impacto real proviene de un espacio interno de presencia y autenticidad. Aquí es donde la atención plena entra en escena. Al incorporar prácticas específicas de atención plena en tu rutina de oratoria, no solo enriqueces tu capacidad de conectar con tu audiencia, sino que también fortaleces tu propia claridad y equilibrio mental. A continuación, te presento una serie de ejercicios y meditaciones guiadas para potenciar tu oratoria:

1. Meditación de centramiento prediscurso. Antes de subir al escenario o ponerte frente a la audiencia, dedica cinco minutos a esta práctica.

- Siéntate cómodamente y cierra los ojos.
- Respira profundamente, llenando tus pulmones y exhala lentamente.
- Visualiza la sala, tu audiencia y el espacio donde hablarás.
- Siente cómo tu voz resonará en ese espacio y cómo las palabras fluirán desde un lugar de autenticidad.

2. Escaneo corporal rápido. Útil para liberar tensiones y centrarse.

- Comienza desde la cabeza y desciende lentamente hasta los pies.
- Nota las áreas tensas y al exhalar imagina esa tensión disipándose.
- Este ejercicio también puede ayudarte a ser consciente de tu postura y lenguaje corporal mientras hablas.

3. Respiración consciente. Para mantener la calma y claridad durante tu discurso.

- Haz pausas cortas durante tu discurso para tomar una respiración profunda y consciente.
- Estas pausas no solo te darán un respiro, sino que también añadirán énfasis a tu mensaje.

4. Anclaje al momento presente. Cuando sientas nerviosismo o distracción.

- Enfoca tu atención en tus pies y siente cómo están anclados al suelo.
- Siente el peso de tu cuerpo y cómo cada parte de ti está presente en ese momento y lugar.

5. Meditación posdiscurso. Para asimilar la experiencia y prepararte para futuras presentaciones.

- Reflexiona sobre los momentos de tu discurso en los que sentiste una conexión auténtica con tu audiencia.
- Agradece mentalmente a cada persona presente y a ti mismo por el esfuerzo y la pasión.

Estas prácticas, cuando se incorporan regularmente en tu rutina de oratoria, pueden hacer maravillas. No se trata solo de mejorar como orador, sino de embarcarse en un viaje hacia una comunicación más profunda, significativa y auténtica. La atención plena no es simplemente una técnica, sino una filosofía que puede transformar tu arte de hablar en público.

Práctica formal de *mindfulness* para oradores: comunicando con impacto

Objetivo: fortalecer la conexión mente-cuerpo, mejorar la concentración y la presencia en el escenario y cultivar una comunicación auténtica y resonante.

Duración: 15-20 minutos diarios.

1. Preparación

- Encuentra un lugar tranquilo donde no serás interrumpido.
- Siéntate cómodamente en una silla con la espalda recta o en el suelo con las piernas cruzadas.

- Cierra los ojos y toma tres respiraciones profundas para centrarte.

2. Atención a la respiración

- Observa tu respiración natural sin intentar cambiarla.
- Siente el aire entrar y salir por tus fosas nasales o siente el movimiento de tu pecho o abdomen al respirar.
- Si tu mente divaga, simplemente reconoce adónde fue y regresa suavemente tu atención a la respiración.

3. Escaneo corporal

- Comienza en la parte superior de tu cabeza y mueve tu atención lentamente hacia abajo, notando las sensaciones en cada parte de tu cuerpo.
- Observa áreas de tensión, calor, frío o cualquier otra sensación.
- Al llegar a tus pies, invierte el proceso y regresa tu atención hacia arriba hasta la cabeza.

4. Visualización del escenario

- Imagina que estás parado en un escenario frente a tu audiencia.
- Siente la conexión con el suelo bajo tus pies y la energía del público frente a ti.
- Visualiza a tu audiencia recibiendo tu mensaje con interés y apertura.

5. Práctica de la escucha

- Imagina que un miembro de la audiencia te hace una pregunta.
- En lugar de responder de inmediato, practica la escucha activa. Siente las palabras, el tono y la intención detrás de la pregunta.
- Visualízate a ti mismo respondiendo con calma, claridad y confianza.

6. Afirmaciones positivas

- Repite mentalmente las siguientes afirmaciones: «Estoy presente y conectado con mi audiencia», «comunico con claridad y autenticidad» y «confío en mi preparación y habilidades como orador».

7. Conclusión

- Toma tres respiraciones profundas, llevando la atención de nuevo a tu cuerpo y al espacio a tu alrededor.
- Abre los ojos lentamente y estírate si lo deseas.
- Dedica un momento para agradecer por la práctica y por la oportunidad de comunicar y conectar con otros.

Realiza esta práctica diariamente, preferiblemente por la mañana o antes de cualquier presentación o discurso. Con el tiempo, puedes adaptar y personalizar la práctica según tus necesidades y experiencias.

Ahora que hemos llegado hasta aquí, considero que ya te he contado el verdadero secreto de comunicar con impacto, pero solo tú lo puedes descubrir en esta historia. Aquí se encierra el gran secreto de todo lo anterior, pero depende de cada uno descubrirlo. ¿Estás listo?

Abriendo el cofre: el eco del Bosque Olvidado

En las entrañas de la siguiente historia se encuentra una verdad que ha sobrevivido eras, civilizaciones y mundos, resguardada celosamente, esperando el momento propicio para ser compartida. Te pido que abras tu corazón y mente, que te sitúes en un estado de profunda receptividad.

En el rincón más apartado de la región, donde las montañas se elevaban hacia el cielo y los ríos susurraban secretos de antaño, se encontraba un bosque conocido como el Bosque Olvidado. Una leyenda contaba que dentro de sus límites existía un eco que revelaba el secreto de la oratoria verdadera, pero solo a aquellos que demostraran ser dignos.

Calia, una joven con un espíritu intrépido y una pasión ardiente por contar historias, había intentado descifrar este misterio toda su vida. Había explorado cada rincón de ese bosque, trepado cada montaña y cruzado cada río, pero el eco elusivo siempre parecía escapar de sus oídos.

Una noche, impulsada por la frustración y el deseo, Calia decidió adentrarse en el bosque con determinación, llevando consigo solo una lámpara y su esperanza. A medida que la noche se adentraba y la luna se elevaba, la atmósfera en el bosque se tornaba más densa y misteriosa. Los árboles parecían susurrar entre ellos, pero no había rastro del eco prometido.

Justo cuando la desesperación comenzaba a inundarla, Calia tropezó con una piedra y cayó en un estanque oculto. Al emerger, notó que todo había cambiado. Los árboles se inclinaban hacia ella y el viento llevaba consigo voces de tiempos pasados.

Desde la profundidad del estanque, una figura apareció: una anciana con cabellos plateados y ojos que contenían la sabiduría de los siglos.

—¿Buscas el eco, joven Calia? —preguntó la anciana con una voz que resonaba con el universo.

Calia asintió y la anciana sonrió.

—El eco no es un sonido que puedas escuchar con tus oídos. Es una experiencia que solo puede ser comprendida cuando te encuentras plenamente presente, cuando tu corazón y alma están abiertos a recibir.

Con una ola de su mano, la anciana sumergió a Calia en una visión. Vio a todos aquellos que había impactado con sus palabras, las conexiones que había creado, y entendió que el verdadero poder de la oratoria no residía en la perfección de las palabras, sino en la profundidad de la conexión.

Cuando emergió de la visión, estaba sola, pero en su corazón resonaba un eco profundo y claro. Regresó a su aldea y con cada palabra que pronunciaba, con cada historia que contaba, el eco del Bosque Olvidado resonaba, conectando almas y cambiando vidas.

El Bosque Olvidado puede que siga siendo un misterio para muchos, pero para Calia se convirtió en un recordatorio eterno de que para tocar el alma de los demás primero debes escuchar y conectar con la tuya.

El último aplauso: las luces no se apagan, solo esperan

Mientras las últimas palabras de este capítulo resuenan en tu mente, quiero que te imagines en un escenario. Las luces brillan, el público está en silencio y tú, con todo lo aprendido, estás listo para cambiar vidas. Cada herramienta, cada técnica, cada historia que hemos explorado juntos en este libro es un paso hacia ese momento mágico en el que, al final de tu discurso, el auditorio se levanta en una ovación unánime.

Pero ¿sabes qué? Esa ovación no es solo por tu habilidad para hablar en público. Es un reconocimiento a tu compromiso, a tu pasión y a la dedicación con la que te has preparado. Es un tributo a cada apertura cautivadora, a cada historia conmovedora y a cada cierre impactante que has tejido en tu narrativa.

Y mientras te sumerges en ese aplauso quiero que recuerdes algo: este no es el final. Es solo el comienzo. La comunicación es un viaje, no un destino. Con cada discurso, con cada presentación, tienes la oportunidad de tocar corazones, de inspirar mentes y de dejar una huella imborrable en las almas de tu audiencia. Esa es nuestra misión en cada curso que hacemos.

Esa es nuestra misión en cada curso que hacemos.

Convertirse en un *MindSpeaker* no es solo un viaje de aprendizaje, es una transformación personal. Al dominar tanto la mente como el arte de comunicar, te conviertes en alguien que puede cambiar vidas, empezando por la tuya.

Así que, cuando cierres este libro, no lo guardes en una estantería para que acumule polvo. Hazlo tu compañero constante. Usa la plantilla que te hemos proporcionado como tu brújula y vuelve a ella cada vez que necesites orientación. Porque en sus páginas no solo encontrarás técnicas, encontrarás el corazón y el alma de lo que significa comunicar con impacto.

Ahora, mira hacia el horizonte y visualiza todas las ovaciones que están por venir. Porque tú, querido lector, estás destinado a grandes cosas. No solo eres un orador: eres un cambiador de vidas, un inspirador de almas, un líder en toda regla. Y el mundo está esperando, con los brazos abiertos y los oídos atentos, para escuchar lo que tienes que decir.

Así que respira hondo, da un paso adelante y haz que cada palabra cuente. Porque el mundo no solo necesita oradores: necesita oradores como tú.

¡Hasta la próxima ovación!

«Lo peor es cuando has terminado un libro y el ordenador no aplaude».[81]

Bibliografía

1   Aristóteles. (2014). *Retórica*. Alianza Editorial.

2   Wiessner, P (2014). Embers of society: Firelight talk among the Ju/'hoansi Bushmen. *PNAS, 111*(39), 14027-14035.

3   Vallejo, C. (1918). *Los heraldos negros*. Imprenta de la Penitenciaría.

4   Aristotle. (2019). *1111 lessons from grand-disciple of Socrates*. Akṣapāda.

5   Cicerón, M. T. (2019). *Bruto*.

6   Aristóteles. (2014). *Retórica*. Alianza Editorial.

7   Heath, C., & Heath, D. (2016). *Ideas que pegan: Por qué algunas ideas sobreviven y otras mueren*.

8   Murdock, B.B. (1962). The serial position effect of free recall. *Journal of Experimental Psychology, 64*(5), 482-488.

9   The Guardian. (7 de enero del 2014). Michael Bay walks out of CES Samsung presentation. *The Guardian*. https://www.theguardian.com/film/2014/jan/07/michael-bay-walks-out-ces-samsung-presentation

10 Lucas, S.E. (2019). *The art of public speaking* (13th ed.). McGraw-Hill.

[11] Ekroll, V. (25 de julio del 2017). *How real magic happens when the brain sees hidden things*. Aeon. Recuperado de https://aeon.co/essays/how-real-magic-happens-when-the-brain-sees-hidden-things

[12] Ochoa García de León, J. (18 de noviembre del 2022). *¿Y si adultos y niños habláramos más?* | TEDxPitic [Vídeo]. YouTube. https://www.youtube.com/watch?v=7iZnyWHPVfM

[13] Ebrahim, Z. (octubre del 2014). *I am the son of a terrorist. Here's how I chose peace* [Vídeo]. TED Conferences. https://www.ted.com/talks/zak_ebrahim_i_am_the_son_of_a_terrorist_here_s_how_i_chose_peace

[14] Cain, S. (marzo del 2012). *The power of introverts* [Vídeo]. TED Conferences. https://www.ted.com/talks/susan_cain_the_power_of_introverts

[15] Pink, D. (julio del 2009). *The puzzle of motivation* [Vídeo]. TED Conferences. https://www.ted.com/talks/dan_pink_the_puzzle_of_motivation

[16] Lizra, C. (22 de mayo del 2013). *The power of seduction in our everyday lives* [Vídeo]. YouTube. https://www.youtube.com/watch?v=TBIL2sdfoVc

[17] Sinek, S. (septiembre del 2009). *How great leaders inspire action* [Vídeo]. TED Conferences. https://www.ted.com/talks/simon_sinek_how_great_leaders_inspire_action

[18] Headlee, C. (mayo del 2015). *10 ways to have a better conversation* [Vídeo]. TED Conferences. https://www.ted.com/talks/celeste_headlee_10_ways_to_have_a_better_conversation

[19] Robinson, K. (febrero del 2006). *Do schools kill creativity?* [Vídeo]. TED Conferences. https://www.ted.com/talks/ken_robinson_says_schools_kill_creativity

[20] Chen, J. (junio del 2013). *A warm embrace that saves lives* [Vídeo]. TED Conferences. https://www.ted.com/talks/jane_chen_a_warm_embrace_that_saves_lives

21 Geddes, A. (s. f.). *Galería en blanco y negro*. Recuperado de https://www.annegeddes.com/galleries/black-and-white

22 Harvard Business Review. (2019). *Influencia y persuasión*. Reverte-Management.

23 Harvard Business Review. (2019). *Influencia y persuasión*. Reverte-Management.

24 Aristóteles. (2014). *Retórica*. Alianza Editorial.

25 Harvard Business Review. (2019). *Influencia y persuasión*. Reverte-Management

26 Cicero, M. T. (2019). *Bruto*.

27 Cicero, M. T. (2019). *Bruto*.

28 Cicero, M. T. (2019). *Bruto*.

29 Anderson, C. (2016). *TED Talks: The official TED guide to public speaking*. HarperCollins.

30 Cicero, M. T. (2019). *Bruto*.

31 Hettiarachchi, D. (25 de agosto del 2014). *World Champion of Public Speaking 2014 - Full Speech* [Vídeo]. YouTube. https://www.youtube.com/watch?v=bbz2boNSeL0

32 Cuddy, A. (junio del 2012). *Your body language may shape who you are* [Vídeo]. TED Conferences. https://www.ted.com/talks/amy_cuddy_your_body_language_may_shape_who_you_are

33 Małek, P. (2024). *Every Second Calculator*. Omni Calculator. Recuperado de https://www.omnicalculator.com/everyday-life/every-second

34 Oliver, J. (febrero del 2010). *Teach every child about food* [Vídeo]. TED Conferences. https://www.ted.com/talks/jamie_oliver_teach_every_child_about_food

35 Gates, B. (marzo del 2015). *The next outbreak? We're not ready* [Vídeo]. TED Conferences. https://www.ted.com/talks/bill_gates_the_next_outbreak_we_re_not_ready

³⁶ Christian, D. (marzo del 2011). *The history of our world in 18 minutes* [Vídeo]. TED Conferences. https://www.ted.com/talks/david_christian_the_history_of_our_world_in_18_minutes

³⁷ Roach, M. (febrero del 2009). *10 things you didn't know about orgasm* [Vídeo]. TED Conferences. https://www.ted.com/talks/mary_roach_10_things_you_didn_t_know_about_orgasm

³⁸ Taylor, J.B. (marzo del 2008). *My stroke of insight* [Vídeo]. TED Conferences. https://www.ted.com/talks/jill_bolte_taylor_my_stroke_of_insight

³⁹ Fantz, A., Martínez, M. y Payne, E. (1 de octubre del 2015). *Oregon college shooting: Gunman dead after killing at least 9 at Umpqua Community College.* CNN. https://edition.cnn.com/2015/10/01/us/oregon-college-shooting/index.html

⁴⁰ Univision Noticias. (5 de enero del 2016). *Mensaje de Obama sobre control de armas* [Vídeo]. YouTube. https://www.youtube.com/watch?v=fQkbq7USY3I

⁴¹ Wallace-Wells, D. (septiembre del 2020). *How we could change the planet's climate future* [Vídeo]. TED Conferences. https://www.ted.com/talks/david_wallace_wells_how_we_could_change_the_planet_s_climate_future

⁴² The Free Dictionary. (n. d.). *The proof of the pudding is in the eating. In Idioms and phrases.* Retrieved from https://idioms.thefreedictionary.com/the+proof+of+the+pudding+is+in+the+eating

⁴³ Aristóteles. (2014). *Retórica.* Alianza Editorial Sa.

⁴⁴ Smith, J. (abril del 2012). *How to use a paper towel* [Vídeo]. TED Conferences. https://www.ted.com/talks/joe_smith_how_to_use_a_paper_towel

⁴⁵ Flex Seal. (12 de mayo del 2017). *Flex Tape® Commercial - FULL* [Vídeo]. YouTube. https://www.youtube.com/watch?v=0xzN6FM5x_E

⁴⁶ Aristóteles. (2014). *Retórica*. Alianza Editorial Sa.

⁴⁷ TEDx Talks. (12 de junio del 2018). Mindfulness: *el arte de vivir conscientemente* | Andrés Martín | TEDxSantCugat [Vídeo]. YouTube. https://www.youtube.com/watch?v=g6OY_jTsQXg

⁴⁸ Teresa de Calcuta. (diciembre de 1979). *Discurso al recibir el Premio Nobel de la Paz*. NobelPrize.org. https://www.nobelprize. org/prizes/peace/1979/teresa/lecture/

⁴⁹ Paz, O. (1994). *Analogía e ironía*. En Obras completas (Vol. 1, pp. 152-160). Círculo de Lectores / Fondo de Cultura Económica.

⁵⁰ Aristóteles. (2014). *Retórica*. Alianza Editorial.

⁵¹ Infobae. (23 de diciembre del 2022). *A 50 años del rescate de los sobrevivientes de los Andes: «A los 10 días el mundo nos abandonó y actuamos»*. Infobae. https://www.infobae.com/historias/2022/12/23/a-50-anos-del-rescate-de-los-sobrevivientes-de-los-andes-a-los-10-dias-el-mundo-nos-abandono-y-actuamos/

⁵² LenguaJaponesa.com. (24 de julio del 2017). すみません *desde el período Edo* [Sumimasen desde el período Edo]. LenguaJaponesa. com. https://lenguajaponesa.com/2017/07/24/

⁵³ Cialdini, R. (2022). *Influencia: la psicología de la persuasión*. HarperCollins Ibérica.

⁵⁴ Churchill, W. (4 de junio de 1940). *We shall fight on the beaches*. Recuperado de https://winstonchurchill.org/resources/speeches/1940-the-finest-hour/we-shall-fight-on-the-beaches/

⁵⁵ Heath, C. y Heath, D. (2008). *Made to Stick: Why Some Ideas Survive and Others Die*. Arrow Books.

⁵⁶ Freedman, J. L. y Fraser, S. C. (1966). Compliance without pressure: The foot-in-the-door technique. *Journal of Personality and Social Psychology, 4*(2), 195-202.

57 BBC News Mundo. (10 de octubre del 2012). *El blog de Malala Yousafzai: la joven que se atrevió a criticar al talibán.* BBC. https://www.bbc.com/mundo/noticias/2012/10/121010_paquistani_malala_yousafzai_blog_rg

58 *Significant Objects.* (s.f.) Significant objects. Recuperado el 29 de enero de 2024, https://significantobjects.com

59 Chakrabortty, A. (21 de diciembre del 2010). At Christmas, it's the thoughtthatcounts. *The Guardian.* https://www.theguardian.com/commentisfree/2010/dec/21/christmas-gift-aditya-chakrabortty

60 Campbell, J. (2020). *El héroe de las mil caras.* Ediciones Atalanta.

61 BBC News Mundo. (18 de noviembre del 2022). *Elizabeth Holmes: condenan a 11 años de cárcel a la polémica emprendedora de Silicon Valley.* BBC. https://www.bbc.com/mundo/noticias-internacional-63685416

62 BBC News Mundo. (18 de noviembre del 2022). *Elizabeth Holmes: condenan a 11 años de cárcel a la polémica emprendedora de Silicon Valley.* BBC. https://www.bbc.com/mundo/noticias-internacional-63685416

63 La Nación. (12 de diciembre del 2018). Seabiscuit: el caballo holgazán que fue leyenda junto a su jockey. *La Nación.* https://www.lanacion.com.ar/deportes/turf/seabiscuit-caballo-holgazan-fue-leyenda-junto-jockey-nid2193756/

64 Mehrabian, A. (septiembre de 1968). »Communication Without Words», *Psychology Today,* p. 52.

65 McNeill, D. (1992). *Hand and mind: What gestures reveal about thought.* University of Chicago Press.

66 Pease, B. y Pease, A. (2006). *The Definitive Book of Body Language.* Pease International.

67 Pease, B. y Pease, A. (2006). *The Definitive Book of Body Language.* Pease International.

[68] Miller Center. (6 de noviembre del 2012). *2012 election night victory speech.* Retrieved from https://miller-center.org/the-presidency/presidential-speeches/november-6-2012-2012-election-night-victory-speech

[69] Association for Psychological Science. (6 de agosto del 2012). *Smiling facilitates stress recovery.* https://www.psychologicalscience.org/news/releases/smiling-facilitates-stress-recovery.html

[70] 60 Minutes. (18 de enero del 2013). *September 27, 1966: MLK-A riot is the language of the unheard* [Vídeo]. YouTube. https://www.youtube.com/watch?v=_K0BWXjJv5s

[71] Hall, E. T. (1972). *La dimensión oculta.* Siglo XXI.

[72] Doyle, A. C. (2020). *El hombre del labio torcido.* SAGA Egmont.

[73] Savage, C. (10 de enero del 2021). Incitement to riot? What Trump told supporters before mob stormed capitol. *The New York Times.* https://www.nytimes.com/2021/01/10/us/trump-speech-riot.html

[74] Cuddy, A. (junio del 2012). *Your body language may shape who you are* [Vídeo]. TED Conferences. https://www.ted.com/talks/amy_cuddy_your_body_language_may_shape_who_you_are

[75] The Car Media. (7 de mayo del 2014,). *Top 10 BMW Advertisements* [Vídeo]. YouTube. https://www.youtube.com/watch?v=4tJwMMVbnKc

[76] Bown, B. (junio del 2010). *The power of vulnerability* [Vídeo]. TED Conferences. https://www.ted.com/talks/brene_brown_the_power_of_vulnerability

[77] Gates, B. (2 de abril del 2015). *The next outbreak? We're not ready* [Vídeo]. TED Conferences. https://www.ted.com/talks/bill_gates_the_next_outbreak_we_re_not_ready

[78] Robbins, T. (febrero del 2006). *Why we do what we do* [Vídeo]. TED Conferences. https://www.ted.com/talks/tony_robbins_why_we_do_what_we_do

[79] NBA. (4 de enero del 2021). *Golden State Warriors vs Sacramento Kings - Full Game Highlights* [Vídeo]. YouTube. https://www.youtube.com/watch?v=VlbC8q4VkL4

[80] Rumi, J. (1995). *The Essential Rumi.* [Traducido por Coleman Barks con John Moyne]. Harper.

[81] Welles, O. (n. d.). *Lo peor es cuando has terminado un capítulo y la máquina de escribir no aplaude.* Fuente desconocida. Nota: La frase «Lo peor es cuando has terminado de escribir un libro y la *laptop* no te aplaude» está inspirada en la cita original de Orson Welles.

Sobre el autor

Jesús transformó su vida cuando, tras años de diagnósticos erróneos y pérdida de esperanza, encontró en la meditación una herramienta para recuperar su salud y bienestar. Al comprender la importancia de compartir aquello que le había permitido sanar, inició una búsqueda que lo llevó a desarrollar *"Mindspeaker"*, una metodología que combina la serenidad de la atención plena con la potencia de la oratoria para ayudar a otros a expresarse con confianza.

Ingeniero en Sistemas Electrónicos con Maestrías en Administración y Programación Neurolingüística, Jesús ha certificado su experiencia en meditación, yoga, y speaking. Como coach y creador del pódcast "Comunica con Impacto", hoy ayuda a profesionales a encontrar su voz y comunicarse con autenticidad y poder. Su misión: guiar a otros a expresarse con confianza y vivir con propósito.

Visita SoyJesusCalderon.com para más recursos o compartir tu historia.

Índice

ACTO CENTRAL
CONSTRUYENDO LA CONEXIÓN

ACTO FINAL
DEJANDO UN IMPACTO DURADERO